漫步民宿

我的25段返璞之旅

丛琳——著

江苏凤凰科学技术出版社

图书在版编目（CIP）数据

漫步民宿，我的25段返璞之旅 / 丛琳著. -- 南京 ：
江苏凤凰科学技术出版社，2019.3
ISBN 978-7-5713-0072-2

Ⅰ. ①漫… Ⅱ. ①丛… Ⅲ. ①旅馆－介绍－中国
Ⅳ. ①F719.2

中国版本图书馆CIP数据核字(2019)第008976号

漫步民宿　我的25段返璞之旅

著　　者	丛　琳
项目策划	凤凰空间/杜玉华
责任编辑	刘屹立　赵　研
特约编辑	杜玉华
美术编辑	李　迎

出版发行	江苏凤凰科学技术出版社
出版社地址	南京市湖南路1号A楼，邮编：210009
出版社网址	http://www.pspress.cn
总　经　销	天津凤凰空间文化传媒有限公司
总经销网址	http://www.ifengspace.cn
印　　刷	北京博海升彩色印刷有限公司

开　　本	710 mm×1 000 mm　1/16
印　　张	13.25
版　　次	2019年3月第1版
印　　次	2019年3月第1次印刷

标准书号	ISBN 978-7-5713-0072-2
定　　价	69.80元

图书如有印装质量问题，可随时向销售部调换（电话：022-87893668）。

自　序

以笔墨记下这一年踏寻体验过的理想民宿，它们便不会杳无踪影，而春花、夏日、秋月、冬雪也仿佛被溜走的光阴镀上了一层金灿灿的光。民宿之所以迷人，不仅因为它是旅行中的一处居所，更是有故事、有灵魂、可以与旅人产生共鸣的美好空间。它像一块巨大的画布，描绘着民宿主人向往的生活，也刻画着设计师们的丛林魔方。

在这本书中我抒写了 25 间人文地景各异的民宿，从中惊喜地看到每个地方“文化和生活”的历史缩影，这令我无比欢欣。民宿是打开当地文化脉络的窗口，它诉说着远古的故事，也存储了我们的记忆和情感。

因为工作关系，我时常旅居台湾，于我而言台湾民宿是一道美好恬静、令人感动的风物，每一间都缱绻着民宿主人的气质和他们的生活哲学。

民宿在大陆像是坠落在乡间的调色盘，它们让质朴的村庄变得色彩纷呈，没有被人们遗忘，反而被更加珍视。绿叶蘩间的房舍，伴着漫天星斗，把柴米油盐的日子过成了诗，民宿制造的幸福感像是一场令人雀跃惊奇的际遇，于是我想要把简单丰沛的爱和淡然真切的心用文字浸透在书中，让你我行走在途中可以觅得一处最初的流浪和最后的归宿。

感谢此行每一位悉心接待的民宿主人，感谢赋予建筑灵魂的设计师，感谢真挚暖心的管家，感谢大自然赐予的每一份深情的良食山物……多谢款待。

丛琳 Sara

推荐序

曾几何时，发现有那么一小批人，舍弃了都市的繁华，跑到那些风景秀美的地方，修葺那些老房子，关键还修得那么美、那么舒适，修成了很多人梦想的生活空间。后来我知道，这些都叫民宿。

于是，我心心念念，这些精美的民宿，我一定都要去体验一次。跟主人聊聊天，感受一下当地的风物人情，再吃一份当地的美食。而现在这个小梦想，Sara 却抢在我前面实现了，而且把其中的点滴用她温柔细腻的文字记录了下来，汇成了这本书。

因为都喜欢民宿，我和 Sara 相识于一次民宿游学过程中，她开朗的性格和对每一家民宿都如数家珍地专业态度，给我留下了深刻的印象。所以，当听到 Sara 有写书的想法时，我非常开心，并且积极地给她提供那些我们想去却因为时间问题还没去体验的民宿，一来是想借 Sara 的眼睛去感受美，二来也希望能够通过 Sara 的文字，将这些美好的民宿传播出去，让更多的人看到。

民宿是一个社交的生活空间，民宿主人是灵魂，现在和我一样的民宿爱好者越来越多，而 Sara 的文字和这本书，就是链接民宿和民宿爱好者的连接器。

期待借着 Sara 的脚步和文字，去看看那些精彩的却还未曾到过的远方。

民宿通亚太区负责人

谭中意

推荐序

民宿的美好，不是一宿就能带走的。“民宿”这个词，用在大陆，是从莫干山开始的，至于哪一年，我也不记得了，大约是 2008 年吧，反正比我在莫干山开民宿时要晚几年。换句话说，在没有“民宿”的年代，我就在莫干山开了一家民宿。

因此我见证了莫干山民宿的兴起，丛琳书中写到的几家，我都熟悉。这其中就提及了以服务闻名的“隐西 39”，丛琳在书里就写了女主人楼姐，“她让来到这里的人有回家的感觉”。

什么是民宿？在我看来，就是家以外的家，你所享受的美好，背后总有默默付出一百分的民宿主们。所以，民宿的美好，不是一宿就能领悟的。在这一点上，台湾民宿是不可复制的。去台湾次数多了，我知道了：台湾的民宿，虽然大部分在设计上都远逊于大陆，但那种服务是非常值得我们学习的。台湾的那种服务，是骨子里透出的善意，怎么学，值得思考！

最后，我想说一句：不是所有的民宿都叫民宿，那种美好的民宿，才是。丛琳就一直在寻找这样的民宿，书中呈现的，也许只是小小的一部分。

杭州市民宿行业协会执行会长

夏雨清

目 录

山居自然 五感体验

老屋新意 艺文空间

亲子雅居 无忧乐活

田园甘味 暖心甜氛

聆水远眺 山海为伴

未迟：

星空下、山野间，
纯粹时光里的诗意乐活

未央及央，迟夜未迟
岁月嫣然，觅心归处
浮生之乐，未为迟也
时光尚早，相遇未迟

初听这间民宿的名字“未迟”，便令我念念不忘，莫名的好感随之涌上心头，仿佛生命之中没有什么是来不及的。春光不必趁早，冬雪不会迟到，收藏一捧花束，希望见你的时候也是春天。诚然，一切都刚刚好。

距离杭州 1 小时的车程，追寻着郁达夫笔下“碧桃三月花似锦，来往春江有钓船”的富春江，向西来到中国最美县城之一的桐庐，在这里有个闲适静逸、青山碧水、陌上花开的小村庄——合岭村。沿着蜿蜒的道路，一路上山，绿荫清透，把头探出车窗外，竹林的清润缓缓沁入心间。

暮春三月，草长莺飞，万物生长，山中樱色渐浓，素装淡裹的白玉兰，朵朵优雅恬静，车子经过晶莹明澈的合岭水库，山的倒影浮在水面，愈发清透而有灵气，温润的气息扑面而来。抬眼望去，阡陌梯田和村落纵横交错，层层涟漪，还有农人在梯田上悉心耕作，仿若雕刻在大地上的流动的版画。

半山腰处，泉明林翠，是恰到好处的高度和景致，几幢白色有如精灵般的房舍隐匿在这片绿野仙踪中，这里便是未迟了，也是三位创办人理想的栖居之地。

智者乐水，仁者乐山

未迟的民宿主人之一——陈浩，是个风趣率真，却习惯别人称他“陈叔”的大男孩，在桐庐县城到合岭村的路上，他买了几个香味四溢的街边小食——梅干菜烧饼，递给我说一定要尝尝看，他对这滋味很是着迷。夹带着热气，我咬下一口，顷刻间被浓情肆意的梅干菜香包裹，五花肉的鲜嫩和薄饼的酥脆口感，嚼之津津有味，这是桐庐当地的美味之一。向民宿行进的一路乐趣斐然，陈浩把他的故事向我娓娓道来：在澳大利亚和新西兰工作、生活了

14 年的他回国后，在上海从事金融行业，城市的喧嚣繁复让他愈加向往简单自然的生活，崇尚自由的他在心中种下了一颗梦想的种子——要开一间温暖恬静的避世民宿。

另外两位民宿主人——郭少珣和马科元，亦是未迟的设计师。我和少珣也聊了一些关于未迟的故事，他说对一个建筑师来讲，找到一个风景如画的地方，诗意地建造一栋忠于自己内心，并且有故事和生命力的房子，是一件无比美好的事情。于是他用周末的时间到距离上海车程不超过 4 小时的地方“转山寻水”，终于在元代画家黄公望的传世画卷“富春山居图”的实景地——桐庐觅得这处心仪之地。这间民宿起名“未迟”，意为做自己喜欢的事情，永远不晚。

宇宙奇妙而浪漫，每个人都有属于自己的韵律和旋律，然而梦想有时也会一拍即合，三个创办人循着初心，邂逅在未迟。

人文风情

桐庐与山水诗

桐庐地处钱塘江中游，在“西湖——富春江——千岛湖——黄山”的黄金旅行线上，弥漫着江南古城的书香之气，在这里既可纵情山水亦可寻胜访古。据统计，2017 年中国最具幸福感的县级城市，桐庐排名第一。

从南北朝至清代，有 1000 余位诗人登临此地，也有千百首咏桐庐的诗词流传至今，李白、白居易、范仲淹、苏轼、陆游等旷世文豪都曾在此挥毫。

南朝梁代文学家吴均在《与朱元思书》中这样描绘流贯桐庐境内的富春江：自富阳至桐庐，一百许里，奇山异水，天下独绝。苏轼在《送江公著知吉州》的诗中写道：三吴行尽千山水，犹道桐庐更清美。

一折青山一扇屏，一湾碧水一条琴，这个钟灵毓秀之地，即使数次到此行游仍会对它痴迷留恋。

服务细节

与君初相识，似是故人归

初到未迟，向远处眺望，眼前这般景致就是山水画中上帝的视角。山色朗润，层峦叠翠，坡陀起伏，明澈的水库宛若翡翠朝珠镶嵌在山谷之中，这就是我喜欢的山林的模样啊！

热情好客的店长和管家心念远客的到来，前来迎接我们，好似来到老朋友家做客一般让人暖心安适。一路温暖干净的木色栈道向内无限延伸，一侧的青青草坪错落有致地铺有几块大石板，另一侧则用碎小石块铺连开来。5 座独栋的建筑就坐落在这绿意与山泉的怀抱中。院落空间里的红叶石楠、山茶、桂花、樱桃树、金橘树仿佛在这里蕴藏了一整个冬天的能量和诗意，等待芳香馥郁时绽放。阡陌交通，鸡犬相闻，怡然自得。轻倚季节的转角，感受着山间野趣，心里装满了大自然的美意。

一步一景，景随身行，好像每个角落都能发现惊喜，再辗转几步，有一个面对着山林的无边泳池，在贪玩的季节，清凉了整个夏天。除了游弋嬉戏，一家人也可以在旁边的露台上自助烧烤，品尝桐庐当地的美味烤全羊。

在未迟也能感受到主人、管家和客人之间温暖自在的相处方式，这里更像是一个大家庭，没有刻意的寒暄，但只要有需要，就会有人来帮忙。

建筑设计

闻香而上，来到一间底部用石块砌垒、上方是榫卯结构的木构咖啡厅。这里也是办理入住的空间，没有星级酒店的距离感，开放式的吧台与前台融为一体，摆放着各式酒品和咖啡，还有民宿用古法酿造的畲族红曲酒和黑糖姜茶。大面的落地玻璃将窗外的山居美景揽入其中，设计感十足的木质桌椅营造出清爽的氛围，不禁想把午后的惬意时光“浪费”在这样的美好上。不同于传统建筑的圆柱、圆梁，咖啡厅里的每一根柱子和梁都是方的，设计师借古人之法，把传统建筑的抬梁式、穿斗式木构以及斗拱进行了现代化的处理。天光透过屋顶洒落下来，光影渗入空间的每一个角落，散发出的温柔感让人有一种与自然共处一室的舒适与放松。

用谦卑的态度写下与自然共生的故事

建设伊始，大部分村民都已经搬走，这里几乎成为一个空心村，只留下破败不堪的房屋，为了复兴它原本的活力，设计师参照原始的村落肌理，改造上也尽量遵循房子原本的形态，岁月的冲刷与时间的洗礼让整个墙面剥落斑驳，但是依稀能看到白色墙体的痕迹。于是改建之后，未迟的5 幢房屋，被命名为“云”“山”“石”“水”“木”，在颜色上也都沿用了纯净而美好的白色。设计上秉持着“做减法”的理念，没有向外出挑的雨篷，都是内向的庭院和内凹的阳台。岁月轻柔，这片保持着原始气息和旖旎风光的村落依然纯粹动人。

精致工艺

12间客房拥有12种看山的姿态

我住的房间名为“云上云”，在“云房”的三层，也是未迟观景视野最好的房间之一，客房内大抵采用留白的设计，将旅人的视线更多地投放到窗格之外与自然互动。“云房”是一栋素白的双坡屋顶清水砖墙建筑，设计师在东侧立面巧妙地把一块块玻璃砖嵌入其中，外部空间看起来晶莹剔透、灵动不已。而身处室内，可以把阳光请进屋里，当光线一束束地从玻璃砖射向房间时，墙上呈现出通透无比的质感，而地上美妙的光影随着太阳轨迹的变化在空间里也缓慢移动。

光是空间的灵魂，光线的变换和时间的行走给旅人营造了丰富的空间，四季轮换，光影交织。

推开门走进“云房”，一层有一个下沉式的小客厅，入冬时节来此，可以围坐在壁炉旁，或围炉夜话或安静阅读，佐以幸福的想象。抬头望去，便可透过玻璃看到二层下沉的空中庭院，通过这个中庭把阳光引入一层的客厅。有趣的是，在二层“云上”的房间，需穿过一个内院才能进入，视线把人工的景观和自然的山水串联在一起，也因此让旅人感受到空间的丰富变化。

二层还设有一间面山的茶室，在里面看一卷书、下一盘棋，抑或佐茶闲聊，如此这般恬静慢活，唾手可得。更为精妙的空间设计，是在三层“云上云”的房间外部，把山用横窗框起来，用天然的画卷装饰阅读空间。山的轮廓、云的浮动，俨然一卷变幻的《富春山居图》，无论在此小憩片刻或是放空沉思都很美好。

民宿里设计了很多公共区域，还为住客提供了宽敞的开放式厨房，炉灶锅碗一应俱全，可以自带食材，自己下厨，这里就像另一个有烟火气息的家。可以看风景、聊天、品尝刚出炉的美味，在极具巧思的温暖空间共处，拉近与家人的距离，创造日常的小感动。

乍暖还寒，到室外在山水长卷中享受一晚山野里的月光浴。半开敞式的钢结构建筑，设计师将原来废弃的牛棚改建成天然泡池。沐浴着山泉，喝一杯管家秘制的红曲蜂蜜鸡尾酒，听着山涧溪流，吹着明月山风。

朝看云雾，暮观夕阳，枕山而眠，一夜好梦！清晨的阳光再次涌入一个个可爱的玻璃砖小格子里，每一个早晨都是一次愉快的邀请，我喜欢有光的地方，就这样，追着光一直走下去。

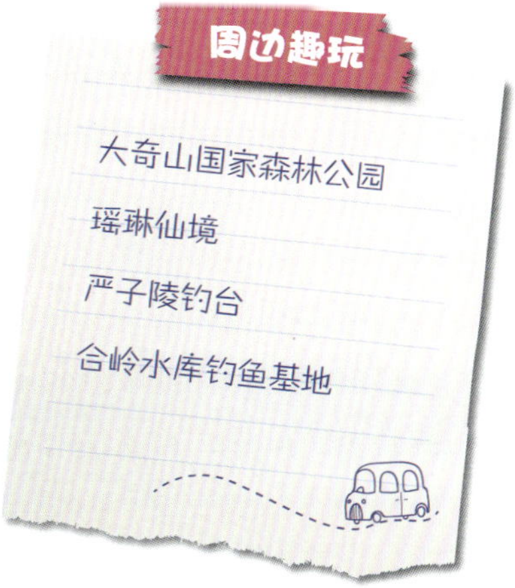

民宿信息

未迟

坐标｜ 浙江・桐庐

地址｜ 浙江省桐庐县旧县街道合岭村张家舍

电话｜ 18258237711

微信｜ mayaugust77

InSeason 隐西 39：

竹海里听溪吃茶，享大自然的温柔疗愈

细碎的雨、摇曳的竹、轻柔的风
停驻在琥珀般的时空里
栖居于一幅水墨丹青
是诗意，也是人间的乐趣

剪一段流年，纷芜处，清醒记

午后从德清开往 InSeason 隐西 39 的路上，微风变成了细雨。春雨如丝，云雾氤氲，大脑一路放空，直到经过莫干山南麓的对河口水库。目之所及，湖岸曲折，四周被群山环抱，林木葱郁，修篁环绕。

听闻对河口水库始建于 20 世纪 60 年代，是德清饮用水源的保护地，它还有一个雅致的别称——莫干湖。清水湖畔，碧波荡漾，天鹅、野鸭出没其间，烟雨江南的意境，如诗如梦般迷离，总让人觉得如此温软细腻。绕过莫干湖，从一块刻有“西岑”的石碑进入一条很长的水杉林荫大道，季相变化丰富的水杉，夏季新绿盎然，秋季叶子像是被施了魔法，变成火红的一片，我想象着如果夏秋之际经过这片树洞，那画面好似穿梭在宫崎骏《千与千寻》漫画里花簇中的场景，充满奇妙之感。

车开过惬意舒心的风景，在沿溪旁的一条小路上停下，小路一侧一座房舍，背倚着连绵不尽的竹海，栖隐在山坞之中，与周围古朴的村落风貌相融合，西岑坞姚家 39 号到了，这也是 InSeason“隐西 39 ”民宿名字的由来。我不禁感叹，它的四周无需景点，因为它就在风景里。

人文风情

细雨如丝，清溪如带，草木葱茏，流水淙淙。久居闹市的喧嚣处，寻到一处僻静居所，在这片静谧的沃土上，归隐山林间，是人之幸。倘若不是带着工作来采访体验，我可能会在此地“修仙”吧。令我诧异、惊喜的是，在这个青山叠翠、清静安逸的秘境山乡中，隐匿着一条距今已有 400 多年历史的原生态徒步古道——西岑古道。据悉明清时期当地村民就是靠着这条古道向外界运输毛竹、山货等物资的。山上还尚存着一座观音堂，现已成了徒步爱好者访古探幽的歇脚处。

山水主义，意在言外，景中有景

何谓生活美学？台湾美学家蒋勋说过：“回到大自然，回到生活本身，发现无处不在的美，这就是生活美学的起点。”

沿着石块砌垒的小节台阶拾级而上，入口处掩映在茅草屋顶和繁茂绿荫之下，走进一扇有年代感的老木门，全透明玻璃天顶的宽敞公共区域，向外延伸了一池春水，向内伸展出一个素净朴直的禅意空间，和进门处的隐蔽窄小形成了极大的反差，通透酣畅之感油然而生。

民宿主人楼姐和她的先生，是杭州某知名酒店管理集团的副总裁，凭借多年的酒店管理经验，他们和 InSeason 隐西 39 的设计师沈勇及其太太叶子一拍即合，楼姐和叶子选了远离莫干山主景区的西岑坞，相继租下了这两幢民房。沈勇说：“城市之外有乡村、湖泊与山川，当季之外有春、夏、秋、冬，InSeason 隐西 39 便是时间和地理交错的山水主义民宿。”

建筑设计

没有设计的凿斧痕迹，原来裸露的山体、岩石、树木都被保留下来，建造过程中只动了 8 根竹子。整栋民宿的建筑和景观都在不破坏山林风貌的前提下修复和新建而成。设计师希望旅人进入民宿空间后更关注自己，谈及建筑与环境的关系，沈勇说：“建筑应让位于人的感受和自然的感受。”

两栋线条简约的主体建筑——山院和水院。2014 年首先建造的是由传统民居修缮改造的水院。莫干山传统民居有着江南民居独特的建筑风情，设计师保留了莫干山传统夯土墙和木制框架的风格，在设计理念上也强调民居和环境的特殊关系，使建筑和自然友好地融合。但民居改造的最大痛点，就是会受到传统工艺和结构的局限，例如江南水乡民居屋顶的坡度较陡，二层最高处和最低处的落差很大，因而高处不保温、低处不透光，导致冬冷夏热，窗户低且窄小，采光、通风都不理想。为了适应现代人的生活方式和居住体验，沈勇在设计上做了降坡处理，拆除了多余的砖墙，细心丈量了十余米高的摇摇欲坠的木框架，将尺寸精准到厘米级。同时界定了当地大木工的每一道工程工序，两侧成功翼展 17°，使二层的窗景重现宽敞的景观，使每一个房间的落地窗与景致完全融合，诗意地建造了一栋会呼吸的建筑。

同时叶子参照房间和环境的关系，为水院和山院的 15 间独立客房分别起了“听溪”“悦村”“花开”“田然” “竹语”“月白”等充盈着意境美的名字。

山院和水院之间隔着一条小路，走过竹林曲径便看到三层依山而建、拥有大面落地玻璃的独栋建筑。院落的一侧用茅草竹篱围合，室外空间引入清冽的山泉，修建了露天小泳池，仲夏夜晚可以在繁星竹林的怀抱里戏水消暑。

脚踩石阶上的枕木和碎石，听着溪水和山岚的对话，感受着温柔的山风拂过竹林、穿过溪水。竹风飒飒，感觉此刻被包围在一片绿林之中，无比地贴近大自然，体验着来自山野的心灵疗愈。一层的公共空间是住在山院的旅人用餐和茶歇的区域，没有过多色彩的装饰和花哨的摆设，却勾勒了一个通透空灵、质朴柔和的美学空间。随处可见充满温润感的老木头，管家把从山间采来的龟背竹、红果和不同的花枝搭配上各式的雅物和美器，不经意间流露出毫无矫饰的优雅。设计师用细竹筒做成的矮椅，娴静地待在回廊的转角，让旅人零距离地感受竹子的实用艺术。大量的落地玻璃，打破了空间的界限，窗外的景色变幻成一幅随时序变化的画作。

拥有三面通透落地玻璃、可270° 观竹林山景的网红榻榻米客房“天青”，早在数月前就被其他客人预定，于是我选了另外一间舒适宽敞的景观房“琥珀”。它具有足够舒展的空间，在踏进房门的那一刻，我连呼吸都放慢了。房间内简约的亚光灰色调搭配竹、木以及山水画中的其他元素，既现代时尚又充满清雅禅意。拉开棉麻质地的落地窗帘，看无遮拦的山峦叠翠，满目绿意，窗外的景致被延伸到室内。在空间享受片刻的独白，恣意舒适地安坐在毛线编织的懒人豆袋椅或榻榻米茶台上，听溪吃茶，舌尖的醇香在我心头萦绕。

在竹林深处幽幽避世，锦上添花的水地暖让房间格外温暖，夜晚泡在超大的圆形浴缸里，沐浴山泉佐竹林美景，欣赏星空与月夜之美，我想这应该是入住民宿最美好的享受了。这一夜尽享宁静、自由，一觉醒来，诸事完美。

服务细节

楼姐在电话里跟我说："民宿和酒店不一样，民宿是家，家里有父母，孩子们累了，可以回家放松。"

听"老南瓜"（沈勇的笔名）和叶子讲，"来到隐西的客人连行李都没放下就去找楼姐，她让来到这里的人有回家的感觉。每天清晨 5:30 楼姐从杭州出发，到莫干山的三家菜市场采购食材到民宿，直到晚上八九点钟客人晚餐结束回房休息，再开车回家，一天下来悉心地照顾每个客人的饮食起居。如同家人般陪伴客人，和其聊天，听其诉说工作、恋爱中的烦恼。"

我此行来隐西，正巧赶上楼姐要照顾生病的家人，遗憾没能见到她。后来通过手机和她聊天，深感主人文化就是一间民宿的灵魂，而 InSeason 隐西 39 的美，也不只是眼睛看到的，更是用心体会出的，它无时无刻不在安抚着旅人的心灵。挂电话前，楼姐跟我说："这次忙家里的事，你来我不在，我欠你一个拥抱。"我鼻子酸了一下，回复她说："好，下次补上。"

精致工艺

除了做设计，民宿主人沈勇同时也着迷于绘画，是一个艺术家。他在杭州西泠印社美术馆举办过个人画展，后又受邀参加了法国大皇宫 ART CAPITAL 艺术展。一切美好的事物都是素简的，民宿空间内约有二十几幅“老南瓜”的亲笔画作，浅白字句，白话如诗，好像浮华褪去之后的一杯清茶。

民宿信息

InSeason 隐西 39

坐标｜ 浙江・湖州

地址｜ 浙江省湖州市德清县对河口村西岑坞姚家 39 号

电话｜ 0572-8283901

微信｜ yxlj0303

清晨，太阳依然没有露脸，不同的天气，或云销雨霁，或彩彻区明，这都是大自然给予的回应，等待我体验一次毫不造作的洗礼。

在露台上听着涛涛的竹浪声，遥看明净空灵的竹林深处，和盛夏的色彩缤纷不同，多了一分诗意的清幽。我端起手中的相机想要记录下来，此刻却深切地感觉到眼前的美景是拍不出来的，需要放慢脚步，伴随着清风、鸟语、溪水、竹海、落叶，亲身体验，用五感细细感知。

原来美好的不止诗和远方，也在我的身边和紧握的手心里。城里和山里的生活就像人生的两极，而我，享受在生命的两极舞蹈。

周边趣玩

西岑岭古道

莫干湖周边

观云高尔夫庄园

清境佛罗伦斯：

托斯卡纳艳阳下的翡冷翠一夜

雾上桃源云端漫步
邂逅了一个焦糖般的梦境
生活也化成了蜂蜜做的娃娃

二月末的轻柔缱绻着春光，客运巴士从容地驶入南投县仁爱乡，沿台 14 甲线一路在山间盘行，这条台湾海拔最高的公路，起点于有“樱都”之称的雾社，终点于大禹岭，海拔 3275 米的武岭是这条中横公路雾社支线上的最高点。

春日伊始，云蒸霞蔚的高山公路风情映入眼帘，呼吸着湿漉漉的空气，缭绕的云雾环抱着巍峨俊秀的中央山脉，我们自在逍遥地徜徉在延绵的巍巍山岚和云海风光中，这里没有游人如织，只有恬逸幽静。

人文风情

清新空气任君取，境地优雅是仙居

镶嵌在万顷碧波上的台湾省四面环海，唯有地处宝岛中部的南投是不临海岸的内陆县，且境内 80% 以上均为山地，这里万物皆风景，是一个上帝偏爱的地方，数百年的历史更迭积聚了浓郁的人文气息。

如果最美的风景都在路上，那你一定不能错过被美国有线电视新闻网（CNN）评选为全球十大最美的单车车道——日月潭环湖公路，环湖骑行一圈，仿佛历经一次不用翅膀的飞翔。

南投这片钟灵毓秀的土地孕育了冻顶乌龙、日月潭红茶、东方美人茶等极品佳茗，喜茶客们可能还不了解店内的招牌特饮“芝士金凤茶王”，其原料就是选用了南投的乌龙茶。满怀虔敬的茶人用心呵护着这里的每一寸净土，世代传承着独具匠心的制茶工艺，这分纯粹或许就是人与大自然的缘分吧。

峰峦叠嶂，碧草如茵，在宛若仙境的云海中，可以依稀看见星星点点的欧式城堡建筑和森林小木屋点缀其中，恍惚间还以为身在欧洲。

在有“台湾小瑞士”之称的清境农场，有一览无余的北欧风光，雾气散去的时候，天空蓝得像海洋，云朵像奶油慕斯般柔软，在青青草原上来自新西兰的畜牧人 Grant Wallace 上演着妙趣横生的剪羊毛秀，置身在大自然的剧场，沾染着高山原野自然恬静的气息。这里还有唯美的“玛格丽特步道”、静谧的“柳杉步道”、可以远眺碧湖的“落日步道”以及有 487 级阶梯的“步步高升步道”。

在苍穹之上闲步云端抑或观赏浩瀚宇宙的星宿，我想体验南投最好的方式就是用脚步去丈量这个地方。

建筑设计

穿过曼妙的翠湖小径，春日的似锦繁花在眼前尽数绽放，传递幸福感的染井吉野樱和山樱花，灿烂盛放的巴西牡丹和山茶花……交相演绎着属于初春的合奏，万寿菊和桂花的馥郁芬芳在空气中自如流淌着，这些摇曳的春花与高大的落羽松环绕着整个佛罗伦斯度假庄园，而意大利语中 Florence 意为“鲜花之城”。

清境佛罗伦斯民宿由托斯卡纳风格的意式乡村城堡、巴洛克建筑风格的君士坦丁堡以及欧洲庭园三个馆组成。高低错落间，犹如穿越回电影《托斯卡纳艳阳下》的时光中，电影中的那句经典对白“好的事情总会到来，当它来晚时，也不失为一种惊喜”一直在我脑海里回响着。

2.使用优惠券前请提前至少一周预约并告知，且在付款时交付优惠券，优惠方案方可生效；

3.此优惠券不得与民宿其他优惠活动同时使用；

4.每券限用一次，影印无效；

5.使用优惠券时请先与民宿确认，避免产生纷争。

读者优惠券

读者使用须知：

1.平日、假日定义及入住规定等以民宿公告为准；

2.使用优惠券前请提前至少一周预约并告知，且在付款时交付优惠券，优惠方案方可生效；

3.此优惠券不得与民宿其他优惠活动同时使用；

4.每券限用一次，影印无效；

5.使用优惠券时请先与民宿确认，避免产生纷争。

2.使用优惠券前请提前至少一周预约并告知，且在付款时交付优惠券，优惠方案方可生效；
3.此优惠券不得与民宿其他优惠活动同时使用；
4.每券限用一次，影印无效；
5.使用优惠券时请先与民宿确认，避免产生纷争。

2.使用优惠券前请提前至少一周预约并告知，且在付款时交付优惠券，优惠方案方可生效；
3.此优惠券不得与民宿其他优惠活动同时使用；
4.每券限用一次，影印无效；
5.使用优惠券时请先与民宿确认，避免产生纷争。

2.使用优惠券前请提前至少一周预约并告知，且在付款时交付优惠券，优惠方案方可生效；
3.此优惠券不得与民宿其他优惠活动同时使用；
4.每券限用一次，影印无效；
5.使用优惠券时请先与民宿确认，避免产生纷争。

2.使用优惠券前请提前至少一周预约并告知，且在付款时交付优惠券，优惠方案方可生效；
3.此优惠券不得与民宿其他优惠活动同时使用；
4.每券限用一次，影印无效；
5.使用优惠券时请先与民宿确认，避免产生纷争。

读者优惠券
读者使用须知：
1.平日、假日定义及入住规定等以民宿公告为准；
2.使用优惠券前请提前至少一周预约并告知，且在付款时交付优惠券，优惠方案方可生效；
3.此优惠券不得与民宿其他优惠活动同时使用；
4.每券限用一次，影印无效；
5.使用优惠券时请先与民宿确认，避免产生纷争。

读者优惠券
读者使用须知：
1.平日、假日定义及入住规定等以民宿公告为准；
2.使用优惠券前请提前至少一周预约并告知，且在付款时交付优惠券，优惠方案方可生效；
3.此优惠券不得与民宿其他优惠活动同时使用；
4.每券限用一次，影印无效；
5.使用优惠券时请先与民宿确认，避免产生纷争。

读者优惠券
读者使用须知：
1.平日、假日定义及入住规定等以民宿公告为准；
2.使用优惠券前请提前至少一周预约并告知，且在付款时交付优惠券，优惠方案方可生效；
3.此优惠券不得与民宿其他优惠活动同时使用；
4.每券限用一次，影印无效；
5.使用优惠券时请先与民宿确认，避免产生纷争。

读者优惠券
读者使用须知：
1.平日、假日定义及入住规定等以民宿公告为准；
2.使用优惠券前请提前至少一周预约并告知，且在付款时交付优惠券，优惠方案方可生效；
3.此优惠券不得与民宿其他优惠活动同时使用；
4.每券限用一次，影印无效；
5.使用优惠券时请先与民宿确认，避免产生纷争。

读者优惠券
读者使用须知：
1.平日、假日定义及入住规定等以民宿公告为准；
2.使用优惠券前请提前至少一周预约并告知，且在付款时交付优惠券，优惠方案方可生效；
3.此优惠券不得与民宿其他优惠活动同时使用；
4.每券限用一次，影印无效；
5.使用优惠券时请先与民宿确认，避免产生纷争。

读者优惠券
读者使用须知：
1.平日、假日定义及入住规定等以民宿公告为准；
2.使用优惠券前请提前至少一周预约并告知，且在付款时交付优惠券，优惠方案方可生效；
3.此优惠券不得与民宿其他优惠活动同时使用；
4.每券限用一次，影印无效；
5.使用优惠券时请先与民宿确认，避免产生纷争。

读者优惠券
读者使用须知：
1.平日、假日定义及入住规定等以民宿公告为准；
2.使用优惠券前请提前至少一周预约并告知，且在付款时交付优惠券，优惠方案方可生效；
3.此优惠券不得与民宿其他优惠活动同时使用；
4.每券限用一次，影印无效；
5.使用优惠券时请先与民宿确认，避免产生纷争。

读者优惠券
读者使用须知：
1.平日、假日定义及入住规定等以民宿公告为准；
2.使用优惠券前请提前至少一周预约并告知，且在付款时交付优惠券，优惠方案方可生效；
3.此优惠券不得与民宿其他优惠活动同时使用；
4.每券限用一次，影印无效；
5.使用优惠券时请先与民宿确认，避免产生纷争。

读者优惠券
读者使用须知：
1.平日、假日定义及入住规定等以民宿公告为准；
2.使用优惠券前请提前至少一周预约并告知，且在付款时交付优惠券，优惠方案方可生效；
3.此优惠券不得与民宿其他优惠活动同时使用；
4.每券限用一次，影印无效；
5.使用优惠券时请先与民宿确认，避免产生纷争。

读者优惠券
读者使用须知：
1.平日、假日定义及入住规定等以民宿公告为准；
2.使用优惠券前请提前至少一周预约并告知，且在付款时交付优惠券，优惠方案方可生效；
3.此优惠券不得与民宿其他优惠活动同时使用；
4.每券限用一次，影印无效；
5.使用优惠券时请先与民宿确认，避免产生纷争。

读者使用须知：
1.平日、假日定义及入住规定等以民宿公告为准；
2.使用优惠券前请提前至少一周预约并告知，且在付款时交付优惠券，优惠方案方可生效；
3.此优惠券不得与民宿其他优惠活动同时使用；
4.每券限用一次，影印无效；
5.使用优惠券时请先与民宿确认，避免产生纷争。

读者使用须知：
1.平日、假日定义及入住规定等以民宿公告为准；
2.使用优惠券前请提前至少一周预约并告知，且在付款时交付优惠券，优惠方案方可生效；
3.此优惠券不得与民宿其他优惠活动同时使用；
4.每券限用一次，影印无效；
5.使用优惠券时请先与民宿确认，避免产生纷争。

读者使用须知：
1.平日、假日定义及入住规定等以民宿公告为准；
2.使用优惠券前请提前至少一周预约并告知，且在付款时交付优惠券，优惠方案方可生效；
3.此优惠券不得与民宿其他优惠活动同时使用；
4.每券限用一次，影印无效；
5.使用优惠券时请先与民宿确认，避免产生纷争。

读者使用须知：
1.平日、假日定义及入住规定等以民宿公告为准；
2.使用优惠券前请提前至少一周预约并告知，且在付款时交付优惠券，优惠方案方可生效；
3.此优惠券不得与民宿其他优惠活动同时使用；
4.每券限用一次，影印无效；
5.使用优惠券时请先与民宿确认，避免产生纷争。

读者使用须知：
1.平日、假日定义及入住规定等以民宿公告为准；
2.使用优惠券前请提前至少一周预约并告知，且在付款时交付优惠券，优惠方案方可生效；
3.此优惠券不得与民宿其他优惠活动同时使用；
4.每券限用一次，影印无效；
5.使用优惠券时请先与民宿确认，避免产生纷争。

读者使用须知：
1.平日、假日定义及入住规定等以民宿公告为准；
2.使用优惠券前请提前至少一周预约并告知，且在付款时交付优惠券，优惠方案方可生效；
3.此优惠券不得与民宿其他优惠活动同时使用；
4.每券限用一次，影印无效；
5.使用优惠券时请先与民宿确认，避免产生纷争。

读者使用须知：
1.平日、假日定义及入住规定等以民宿公告为准；
2.使用优惠券前请提前至少一周预约并告知，且在付款时交付优惠券，优惠方案方可生效；
3.此优惠券不得与民宿其他优惠活动同时使用；
4.每券限用一次，影印无效；
5.使用优惠券时请先与民宿确认，避免产生纷争。

读者使用须知：
1.平日、假日定义及入住规定等以民宿公告为准；
2.使用优惠券前请提前至少一周预约并告知，且在付款时交付优惠券，优惠方案方可生效；
3.此优惠券不得与民宿其他优惠活动同时使用；
4.每券限用一次，影印无效；
5.使用优惠券时请先与民宿确认，避免产生纷争。

读者使用须知：
1.平日、假日定义及入住规定等以民宿公告为准；
2.使用优惠券前请提前至少一周预约并告知，且在付款时交付优惠券，优惠方案方可生效；
3.此优惠券不得与民宿其他优惠活动同时使用；
4.每券限用一次，影印无效；
5.使用优惠券时请先与民宿确认，避免产生纷争。

读者使用须知：
1.平日、假日定义及入住规定等以民宿公告为准；
2.使用优惠券前请提前至少一周预约并告知，且在付款时交付优惠券，优惠方案方可生效；
3.此优惠券不得与民宿其他优惠活动同时使用；
4.每券限用一次，影印无效；
5.使用优惠券时请先与民宿确认，避免产生纷争。

优惠券

凭书及本券享平日住宿8折或周末9折优惠

（法定节假日不适用）

截止日期：2021/3/31

优惠券

凭书及本券入住每房折价100元人民币

平日周末通用（法定节假日不适用）

截止日期：2021/3/31

优惠券

凭书及本券入住每房赠双人晚餐券一份

截止日期：2021/3/31

优惠券

凭书及本券享平日住宿8折或周末9折优惠

（法定节假日不适用）

截止日期：2021/3/31

优惠券

凭本书及本券入住，每房赠送

围巾蓝染体验券一份

截止日期：2021/3/31

PAGE 52

过云山居

优惠券

凭书及本券享平日住宿9折或周末95折优惠

（松阳&桐庐两店通用，法定节假日不适用）

截止日期：2021/3/31

PAGE 60

三生一宅

优惠券

凭书及本券享平日住宿75折或周末85折优惠

（法定节假日不适用）

截止日期：2021/3/31

PAGE 70

花迹

优惠券

凭书及本券享平日住宿8折或周末9折优惠

（法定节假日不适用）

截止日期：2020/3/31

PAGE 78

筱駐

优惠券

凭书及本券享平日住宿8折或周末9折优惠

（法定节假日不适用）

截止日期：2021/3/31

PAGE 86

先生的院子

优惠券

凭书及本券享平日住宿8折或周末包院9折优惠

（法定节假日不适用）

截止日期：2021/3/31

PAGE 92

蝶梦山丘

优惠券

凭书及本券享平日住宿7折或周末9折优惠

（法定节假日不适用）

截止日期：2021/3/31

PAGE 100

芯园

优惠券

凭书及本券入住每房折价1000元新台币

截止日期：2021/3/31

PAGE 108

学而山房

优惠券

凭书及本券享平日住宿8折或周末95折优惠

（法定节假日不适用）

截止日期：2021/3/31

PAGE 116

画框里

优惠券

凭书及本券享包院住宿8折优惠

（平日及假日通用）

截止日期：2021/3/31

PAGE 124

芝麻谷

优惠券

凭书及本券入住每房折价100元人民币

（法定节假日不适用）

截止日期：2021/3/31

PAGE 132

逢春园

优惠券

凭书及本券入住每房折价500元新台币，

可抵住宿或晚餐消费

截止日期：2021/3/31

PAGE 142

姥姥家

优惠券

凭书及本券享平日住宿8折或周末包院9折优惠

（法定节假日不适用）

截止日期：2021/3/31

PAGE 150

原乡里 · 水泉

优惠券

凭书及本券享住宿95折优惠

（平日及假日通用）

截止日期：2021/3/31

PAGE 156

外水良 · 艺境

优惠券

凭书及本券享平日住宿8折或周末9折优惠

（法定节假日不适用）

截止日期：2021/3/31

PAGE 164

原舍 · 望山

优惠券

凭书及本券享平日住宿8折或周末85折优惠

（需提前一周预约，法定节假日不适用）

截止日期：2021/3/31

PAGE 170

原舍 · 平湖

优惠券

凭书及本券享平日住宿8折或周末85折优惠

（需提前一周预约，法定节假日不适用）

截止日期：2021/3/31

PAGE 180

花岗渔村 · Mr Yao’s house

优惠券

凭书及本券享住宿9折优惠

（需提前一周预约\7-9月不适用）

截止日期：2021/3/31

PAGE 188

爱丽诗 VILLA IRIS

优惠券

凭书及本券享平日住宿8折或假日9折优惠

截止日期：2021/3/31

PAGE 196

元尘

优惠券

凭书及本券享住宿9折优惠

（法定节假日不适用）

截止日期：2021/3/31

PAGE 202

亚曼达 AMANDA

优惠券

凭书及本券入住每房折价500元新台币

截止日期：2021/3/31

整幢民宿的大厅在意式乡村城堡的一层公共区域，步入大厅，温暖怀旧的金色让明朗宽敞的空间尽显温情和浪漫，颜色淡雅的板岩铺贴的墙壁和自然温润的原木屋顶相得益彰。在一侧纹理丰富、粗犷质朴的文化石堆砌的壁炉上方，高挂着一只象征祥瑞富贵的鹿头，顿时让我联想到了中世纪的欧洲骑士。

清境佛罗伦斯的女主人是国际咖啡品鉴师，喜欢去各国旅行的民宿主夫妇对意大利非常痴迷，民宿里光彩熠熠的欧式水晶吊灯、一幅幅珍藏的欧洲油画、琳琅满目的精美艺术品，几乎全是他们从意大利打包装箱带回来的。

延续着意大利的优雅与悠然，撩人的咖啡香在民宿里弥漫着，我倚靠在视野开阔的窗边，气质不凡的管家前来递上一杯醇香四溢的全手工拿铁，这杯下午 4:30 饮用的咖啡感觉刚好。边侧的置物架上摆着一个手写的字牌，上面写着“海拔 1755 m，幸福的高度”。远眺窗外，是一片浮岚暖翠的景致，山间日暮的浓雾迤逦而来，将连绵磅礴的奇莱山脉包覆起来，此时山是温柔的，雾是温柔的，樱花是温柔的，我的心间也满是温柔。

精致工艺

距离意式乡村城堡几步之遥的君士坦丁堡在幽静的月色下勾勒出清晰的剪影轮廓，从任何角度望去都是那么美，让我不禁想起徐志摩笔下的翡冷翠。暖橙色的墙垣，聚焦光影与雕刻的变幻，线条自由繁复，洋溢着激情的巴洛克式艺术风格。楼梯间的墙面用华丽的3D彩绘喷画出时空交错、充满幻觉的场景，生动丰富的图案彰显出空间的立体美感，展露出异国风情的浪漫气息。走进一间巴洛克风格的双人房，空间的采用的是经典的装修风格，玄关处米黄色的铺地瓷砖，恰到好处地表达出一分怀旧之情；内部延伸空间的深棕色木地板，为房间带来一股温馨的居家暖意。由嫩绿色、鹅黄色交织而成的图腾壁纸搭配充满艺术气息的装饰，简约而不单调，凸显出浓烈的浪漫主义色彩。

寻味好食

清境佛罗伦斯民宿还有一间精巧别致的 Nina 巧克力工坊，Nina 巧克力的诞生源于民宿男主人魏大哥的女儿是一个对巧克力情有独钟的女孩，但可可真正的味道已经被市场上售卖的充斥着化学调味的加工品催眠，于是魏大哥早在多年前就开始潜心研究巧克力的制作工艺。恰巧这里的气候接近欧洲，拥有制作巧克力的得天独厚的自然环境，而 Nina 主厨也会定期去国外参加巧克力的课程进修。Nina 巧克力工坊精选世界各地的优质原料，匠心研发，将巧克力和园区内的有机食材相结合，巧克力的浓郁口感搭配凝聚巧思的创意设计，在这里吃到的每一颗巧克力都是视觉和味觉的双重享受。

在品尝了加勒比海鸡尾酒甜心巧克力的浓香之后，我又吃了很多颗咖啡酒跳跳糖巧克力和黑醋栗秘鲁，手作巧克力的香醇真的是无比治愈，如同一个甜蜜的吻。日本宇治抹茶株式会社的负责人专程飞到这里品尝了 36% 抹茶生巧，大赞其醇正食感。为了让美味唤醒更多的人，用心坚持做纯天然的巧克力，历时四年零三个月，魏大哥在南投的埔里镇打造了一幢四层楼的“Nina 梦想城堡”，堪称无与伦比的梦幻之地。

服务细节

整间民宿都散发着唯美精致的光芒，明净整洁的空间毫无已经开业 14 年的痕迹，可以深深地感受到民宿主人和所有员工对这座宅邸的悉心守护。民宿主人也视这里的每一位员工为兄弟姐妹，精心安排他们去上美国卡内基训练的企管课程，每周都要分享各自的收获或遇到的问题，并且每年组织大家出国游学。训练有素的员工们对民宿的一切了如指掌，随时为住客解决疑难。在这里没有酒店的拘束感，一来再来的客人已经和他们如同朋友般亲密地打成了一片。

有时候带着目的出发，来到向往之地，找寻另一个自己，也不失为一种快乐。

民宿信息

清境佛罗伦斯

坐标｜ 台湾 · 南投

地址｜ 台湾省南投县仁爱乡大同村荣光巷 8-3 号

电话｜ +886-49-2803820/+886-49-2803832

遥远的山：

享受与山岚共眠的幸福

路上的石子在雾中发亮
湛蓝的夜很安静
我面对着天空
看星星和月亮互诉衷肠

美国作家梭罗曾说："我觉得一个人若生活得诚实，他一定是生活在一个遥远的地方了。"

穿过莫干山镇的劳岭隧道，须臾之间，眼前突现一面古朴的土墙，低调的古铜色门牌上刻着"莫干·遥远的山 FARAWAY MOUNTAIN"，边侧用石块砌垒的砖墙上挂着两盏复古怀旧的小油灯，上面用竹丝搭建了一个茅草般的屋顶。

到访所见，这份精致的慵懒让我有些始料未及，却顿觉安逸。

管家前来接过我手中的行李，脸上洋溢着朴实可爱的笑容，悉心地问候，并告知餐食已经安排好，让我倍感亲切，一扫旅途的疲倦。

浓浓的绿意迫不及待地从缝隙间透出来，推开遮拦的小木门，便看到通透的景致，恬静里流露着野逸。

建筑设计

普材精用，大拙至美

整栋建筑以混凝土为主素材，让原色不加雕琢地裸露，外立面由一根根莫干山当地的老竹竿构成，光影透过竹子，倾洒温柔的日光。

夜晚时分，灯光营造出的另一种绚烂，让纯净的空间尽显深邃和静谧之感，韵味也愈加浓郁。这栋会呼吸的建筑为青山竹林环抱，融入了环境，只有看得见的风景。

碧波荡漾的开阔露天泳池是旅人们肆意玩耍的嬉水空间，面对着野趣十足的草亭，让所有美好的事物在和谐中彼此独立，粗犷与优雅在乱世浮生中并存。空气中萦绕的花香与鸟鸣，让我放慢脚步，五感全开，细细感知着四季的轮换。

民宿的男主人王喆仡，毕业于中国美术学院，学习油画专业的他负责了整间民宿的设计，从灌浆、挑木料、监工到家具的挑选等，老王全程参与。女主人 Jane 曾经在美国从事了 14 年的公务员工作，追求自由的 Jane 说："也许每个人心中都有一座遥远的山，在一片隐匿在大都市的净土上，开三分地，盖一间房，在这里，云漂游、鸟飞翔、虫低语、树婆娑。这间民宿是我和老王梦想的居所，希望旅人可以在这里自在地享受一切美好，希望这里成为旅人在乡野之地的另一个家。"

夫妇二人爱山、爱书、爱音乐、爱旅行，更爱自由。我想，如果有一种东西是重要的，对于我来说便是可以自由地选择要去的地方、要见的人、要做的事以及所拥有的生活方式，因为自由是无价的。

精致工艺

走过用当地石板和老木头搭建的小桥，进入民宿空间内，目之所及是中式乡村和美式乡村混搭出的精致舒适、有温度感的居室氛围。

民宿主人很在意公共空间的营造，用打碎的洞石做墙壁，纳入有手感痕迹的乡村元素，墙上悬挂着大小不一的竹编斗笠，没有浮华的装饰，但旧时光遗留的痕迹却触手可及。

空间里摆放着 Jane 在云南旅行时购置的各式精美陶罐，壁炉上方悬挂着一幅老王的画作。我蜷坐在温暖的壁炉旁，樟木的香气从壁炉里向外蔓延，时间慢慢地溜走，如此宁静，如此平和，正是做梦的好时光。

拾级而上，楼梯间的墙上挂满了老王和 Jane 以及他们爱好摄影的朋友去各地旅游拍摄的登山照。

这是一条满载记忆的回廊，每一张照片底部都清楚地标注了日期，我看到了广阔的蓝天下最好的他们。

踏雪、竹语、古木、松涛、叠山、云峰、流霞、晚虹……这些从观山的古诗词里摘选出来的极富意境美的辞藻，便是 17 间客房的名字。

叩开有年代感的老门板，进入卧室嗅着木质的天然气息，墙上挂着民宿主人为每间客房用心挑选的一幅与房间名字有关的画，桌上摆放着充满浓浓手工艺感的竹编灯饰，温润的灯光衬托出土坯墙粗犷的质感，小细节的装点，使木造空间更显柔美。

从房间向窗外眺望，山林景色尽收眼底，此刻在离山最近的地方，我只想静静地发呆。入住这花草世界，倾听着大自然的呢喃细语，灵魂不再流浪，而是在迷人的夜晚享受与山岚共眠的幸福。

人文风情

山中何事？松花酿酒，春水煎茶。Jane 请管家为我奉上了一杯德清当地人用来招待贵宾的烘豆茶，轻啜一口，很特别的咸香味夹在唇齿之间。

相传乾隆皇帝乘船南下身体不适，喝了古林寺方丈调制的一碗咸茶，顿觉提神补气，于是心血来潮把咸茶改名为“玉茶”。一杯丰富的安静，却把江南饮食文化诠释得淋漓尽致，选料时鲜、制作精细、注重食材的原味，讲究色、香、味、形。烘豆茶以烘青豆为主料，另在茶水中放入腌制过的胡萝卜、枳皮、野芝麻、笋干等；喝法上也颇为考究，先品尝茶汤的原汁，再细嚼其中的原料，吃完茶后，甘美韵味令人回味。

Jane 说，当地人把“烘豆茶”也称为“防风茶”，传说上古时代大禹命防风氏去下渚湖一带治水，因防风氏日夜挖土筑堤，治水时不幸患上风湿，乡民为他煎烘豆茶以驱湿寒，防风氏食茶汤后，精神焕发且神力大增，之后治水成功，如此吃茶法，蔚然成风，为了纪念防风氏为民造福的治水业绩，便把这道茶命名为“防风茶”。后来茶圣陆羽还将其记入《茶经》，当中强调了防风神茶的功效。

或许应该感谢现代文明的恩赐，让平凡生活中的小确幸，从仪式感中得到满足。

寻味好食

恰到好处的空间利用，在宽敞的用餐区，一边和民宿主人分享有趣的餐桌故事，一边品尝着用莫干山当地食材烹煮的美味。鲜美滚烫的土鸡汤、秘制的红烧狮子头、多汁的水库鱼头、入味的油焖春笋……主厨的一手好厨艺，让食客吃得特别幸福和满足。

服务细节

Jane 告诉我说，遥远的山的服务理念就是和客人保持刚刚好的距离，因为太过热情的服务就是打扰。民宿主人送上温度刚好的热情，温暖却不逾矩，使这里就像是旅人的另一个家。

移步书吧，这里同样有着贴心的地暖，还堆叠着民宿主人珍藏的旧唱片和心爱的旧书，顺手从落地书架上取下一本书，慢慢翻阅。主人的萌宠——一只名叫糯糯的松狮犬，不时来身旁撒娇，在这个纯净、舒适、有生机的空间里，可以悉心咀嚼文字，想想也是美好。

日光与晨食相佐，屋外树影斑驳、枝叶迷离，随手可触繁花绿意，从庭院到山野，沿山脉小径悠闲散步，舒活身心，听着呼吸的频率，与自然一起吐纳。

我们走进不一样的风景，让旅行成为生活的一部分，在人文主义时代，倾听自己内心的声音。回归自然，内心富足，若在城市中迷失方向，便来山野中寻找希望吧！

民宿信息

遥远的山

坐标｜ 浙江·湖州

地址｜ 浙江省湖州市德清县莫干山镇劳岭村岭坑里 13 号

电话｜ 13819258069

微信｜ yydeshan

卓也小屋：

故事山城里的仲夏夜之梦

每座城，在每个人眼中都是别样的风景。在台湾省苗栗县西南端，有一个依山傍水、绿意环抱的小城，名叫三义。我搭乘慢速的台铁列车开启了一趟怀旧之旅。这个质朴自然、空气中散发着幽幽木香的地方令我一见倾心。

人文风情

山霭碧氛氲，三义山多平原少的地形，加之潮湿多雾的天气和肥厚的酸性土壤，使这里的樟树蔚然成林，浓郁的樟木香气夹带着原始纯净的芬芳气息。经年累月，散落在山林间形状各异的天然奇木，在精致地雕刻修饰之后，意外地成为天然的艺术品，精湛的浮雕、镂空雕、凹雕技艺，使这里的木雕产业世代相传，成为雕刻艺术家们创作的伊甸园。

陶醉于三义的春末夏初，漫山遍野的油桐花开，阳光里纷纷馥馥的雪白花瓣洒落下来，在山风的吹拂下，宛若漫天飞雪。桐花是春天最后的驻脚，随着微风和细雨坠落在地上，变成了花雪小径，“四月雪”和“五月雪”的油桐花海，绚烂缤纷，令人悸动不已。它绽放在客家聚落，也落在他们的心上，这里的客家人每年会举办一次关于桐花的浪漫花祭祈福活动，表达他们对土地和自然的尊重。在这里，可以感受浓郁而独特的客家文化和满满的思古之情。

夜晚给星星蒙上面纱，与草木间飞舞的萤火虫为伴，吹着宁静的和风，安逸地做一个曼妙而奇幻的仲夏夜之梦。

穿过美好的客家村落，走在茂密的芭蕉叶掩映下的蜿蜒小径，这感觉好似惊喜地发现了陶渊明笔下的桃花源，“林尽水源，便得一山，山有小口，仿佛若有光”，卓也小屋就位于山麓一隅，自然地存在于这片云雾和山林里，不同于以往盖成别墅般的房舍，这是一处以苗栗三义的客家聚落和文化生活为主调的村落民宿。

儿时的回忆，长大的梦想

卓也小屋是用男主人卓铭榜先生的另一个称呼“卓仔”命名的，在当地方言里，“卓仔”和“卓也”恰好同音，于是卓也小屋这个自带亲切感的名字，和它带给旅人的恬适美好的乡村生活一样，让我倍感温柔的暖意。

女主人美淑姐说，也许是农家子弟莫名的使命感，也许是对台湾农业、文化与生活延续的期许，他们夫妇希望通过这间民宿让造访这片土地的旅人，重拾乐活山居的感动，唤起对台湾乡村生活的记忆。卓也夫妇用对环境友善的态度，不拘泥于外在形式，因地制宜地在这片山林梯田上创造出了生机。

建筑设计

诗意的栖居美学，不着痕迹的绿建筑

在时间里淘金，经过岁月的洗礼，流逝的也是一种收获。色调淳朴的房舍，经历了风霜雨露，被时光雕琢的痕迹清晰可见，却与环境和谐地融合在一起。十几年前种下的树如今已经绿叶成荫，在卓也小屋，你会惊喜地发现这里的景色每天都在变化着、丰富着。

山间小路旁一间间竹篱茅舍，每户门外都贴着春联，门口和小路两旁也都挂着大红灯笼，看到这一幕，记忆不禁被拉回到早期团圆、喜庆的农家生活。池塘里有鹅有鸭，小径上有鸡有兔，来来去去自求生存，偶尔可见慵懒的猫咪在石板上眯眼小睡。我用眼睛和耳朵贴近自然，感动于这分怡然自得。

卓也小屋的设计几乎全部尊重原有的地形，建筑风格也充盈着浓郁的乡村味道。原先存放粮食的谷仓，经过防水处理，被改造成通风良好、造型圆润可爱的住宿空间，趣味十足。

将最传统的农村木屋内部打造成日式榻榻米的和室空间，房间内没有奢华的装饰，但整体风格十分协调。各个角落都用心装点着最具卓也小屋特色的蓝染制品，从床旗、门帘、抱枕、灯罩、纸巾盒到房间钥匙挂饰，蓝染的温柔疗愈力为居住空间营造了一席优雅。一些房间附带超大的浴缸，浴室内大面的落地玻璃将窗外的山林美景揽入屋内，夜幕降临，蛙鸣鸟叫，沐浴着甘洌的山泉水，沉浸在奢侈的绿意中，恣意地拥抱大自然。

| 寻味好食

在这片乐土上，卓也小屋提倡“慢食生活和五行养生”，出于对土地、山林、自然的敬畏和感恩，这里只提供素食，也不售卖酒水。为了保持食物的原汁原味，还特别推出了四季药膳素食火锅和养生蔬食创意料理，食物入口轻巧精致且肠胃没有负担。

精致工艺

如果金箔象征浮华世界里的闪耀即逝，那么蓝染就是令人惊艳的雅致永恒。

卓也小屋不仅有美妙动人的故事，还充满了生命活力。卓也夫妇把种植蓝草的农业行为，转变成具有当地特色的文创产业。为了传承祖先们留下来最古老的蓝染技术，重现古法蓝染技艺，美淑姐在山上大量栽种蓝草——大菁，也就是我们俗称的“马蓝”，从采蓝、打蓝、培养菌株、建染缸到染布，无一不是用最原始、最环保的方式制作。大菁所凝制的蓝靛可以代替化学染料，减少对土地的伤害，它不只可以染色，本身还是药草，以其研磨的粉末称为青黛，对皮肤具有很好的疗愈效果，所染出的青布蓝衫也烙印着客家的衣着文化，如今客家的重要节日，依然有传统的客家人坚持穿着。

这里的蓝染规模逐年向“更大更完整的蓝染基地”迈进。由于卓也小屋的蓝染技艺在海外也得到了认可，并且在荷兰、韩国、东南亚地区屡获大奖，因此每年都会有很多游客，慕名来到卓也小屋的“桐颜染工坊”体验手作蓝染的乐趣。

农事本身就是一门生活美学，将双手浸在染缸里，从浅蓝到深蓝重复染二三十次，凝聚时间的智慧，在时光中沉淀自己。

周边趣玩

下渚湖国家湿地公园

新市古镇

民宿信息

卓也小屋

坐标｜ 台湾·苗栗

地址｜ 台湾省苗栗县三义乡双潭村崩山下 1-9 号

电话｜ + 886-37879198

过云山居：

上帝赐予的“应许之地”，在云里甜蜜地诗写

白天把阳光织成的绒绒披肩脱掉
看着面前的青山叠翠谷
像是抹茶味的冰淇淋融化在嘴里
清朗的蓝天牵着丝絮状的棉花糖
沾在嘴边的糖丝甜蜜又软绵
夜晚捡拾着掉落在月亮臂弯下的璀璨星石
我仿佛在这里发了一个世纪的呆

亚里士多德说：大自然的每一个领域都是美妙绝伦的。

人文风情

松阳，地处浙南的森林城市——丽水，它四面环山，其开阔平坦的中部盆地，又被称为“松古平原”。这座有着 1800 多年的历史文化名城，遗存着农耕文明的印记，青山绿水间藏匿着百余个风貌相对完整的古村落，也是华东地区传统村落数量最多、保存最完整的县域之一。生命的土壤孕育着遗留的精神遗产，大量独特的历史记忆、宗族传衍、俚语方言、生产方式，使这里厚重又鲜活。它不施粉黛，却有着古朴迷人的神韵，难怪当年北宋状元沈晦在《初至松阳》中写下“惟此桃花源，四塞无他虞”来表达对松阳的赞美。这片江南秘境穿梭在历史的年轮里，温柔了岁月，惊艳了时光。

这里山峦簇拥，梯田层叠，茶园葱翠，古树环绕，竹林飒飒，田舍掩映，鸡犬相闻……一切都是我想象中的桃花源的模样，一幢枕云而眠的民宿“过云山居”就隐栖于此。

瓶子是过云山居的民宿主人之一，也是某旅游杂志的主笔和摄影师。因一场采访意外邂逅丽水，当他第一次来到松阳一个叫杨家堂的村子时，夯土房在阳光的照射下质感温柔，一眼望去这里宛若金色的布达拉宫，村里人的善良原真也让他感受到一种久违的乡情。之后在机缘巧合下，瓶子找到了相邻的四都乡西坑村，他拉上两个初中同学——懂管理的超骏和爱设计的敏智，三个苏州人跑到浙南云海间一起开了松阳的第一家民宿——过云山居。西坑村，对他们来说就是上帝赐予的“应许之地”。

清秀的山峦伴着嘤嘤鸟鸣，经过碧波盈盈的松阴溪，我们一路驱车沿蜿蜒山路盘旋而上，松阳县的四都乡有如一线串珠，把西坑村、建筑奇观崖居式村落陈家铺以及云上平田用山路连接起来。车行驶到西坑村，村口处立着一块“中国最美乡村”的石匾。西坑村位于松阳和武义两县交界处，北宋时期著名的松宣古驿道于此穿过，21 幢清代民居、宗祠等古建筑，以及 40 余幢民国至 20 世纪 70 年代的民居，至今仍完整保留着。

叶姓、丁姓先民把自己的村落投影在一幅心形的画卷里。这一方净土，在时光的雕刻下好似一块璞玉。过云山居就位于这个妙手偶得的心形村落中最柔软的一处，不禁让我心驰神往。

建筑设计

晕有几抹青苔的卵石一路铺陈，经过身旁一幢幢古民居，再绕过几个巷口，一抬头便看见整齐的竹篱笆上“过云山居”的字牌，与之相连的一扇富有年代感的老木门敞开着，管家小马已在门旁等候我们多时。走进山居小院，层叠的绿意和春芳馥郁扑面而来，面前 500 米落差的 V 字形高山峡谷一直延伸到山脚下的松阳县城。掩盖不住喜悦，我觉得我在笑，但不止是用嘴唇，而是用眼睛、用心灵、用每一寸肌肤。

我觉得黄昏是一天当中最温柔的时段，它给予了人类无须开口说话的安静，而今天的黄昏是如此迷人，让我想起了你。

夯土墙、青砖瓦、木栏杆、一面独立的砖石照壁，下面堆砌着从村子里淘来的耐人寻味的老物件，院落里这些古朴的当地元素让人感觉特别亲切。过云山居在海拔 700 米的山崖安居一隅，像一个飘逸的氤氲少女。

精致工艺

8 间客房都以“云朵”命名，每个房间的露台似乎伸手便可触及幽绿山谷和变幻云霭，也许最好的建筑就是让生活融入自然之中。

步入一层过云轩的小客厅，有古早气息的木质家具为温馨的空间带来暖意，在办理入住的木桌台上方，民宿主人富有巧思地悬挂了一朵意象云，在柔和的暖光灯下更显精巧，看起来比软萌的小兔子还要可爱。民宿内其他的摆饰小物也多以云为主题，比如云朵造型的太湖石瓷塑、云朵靠枕，主人还定制了云朵主题的贝壳挂坠、创意小包，就连“请勿打扰”纸牌也做成了祥云图案。

在后方古朴的中式橱柜里陈列了与山居生活有关的农食山物以及各式文创手工艺品。拾级而上，转角处可见主人精心摆放的花朵盆栽，叩开木门，留白的空间首先映入眼帘的是一尊跏趺而坐的仕女像，加上水泥天花板、清水磨地面，透着清净幽雅的氛围。从侧旁绕过，和风榻榻米上大面的落地玻璃把窗外 180° 的翠绿山林引入室内；另一侧用石块砌垒的墙壁，粗犷中又仿佛夹带着细腻的乡愁。在富有设计感的禅意开阔空间内，可以坐在榻榻米上遥望云海和峡谷，看时辰的流转，抑或和同行的友人、有缘的陌生人分享这山间物语。

来过云山居，怎能不品一杯松阳香茗！有“古韵茶乡”之称的松阳，其茶叶早已声名远扬，闻名全国。这片富饶的土地，孕育了源远流长的茶文化。相传三国时期松阳已盛产茶叶，到了唐代，遂入宫中，还被列为宫廷贡品。在典雅的文艺空间内，用精致考究的茶器泡一壶松阳银猴，悠悠茶香缓缓沁入舌尖，在口中慢慢绽放，舒心怡然。

在松阳，还流传着一种民间传统的保健茶饮，名为“端午茶”。它距今已有1000多年的历史，是省级非物质文化遗产。在过云山居啜饮一杯芳香甘醇、沁人心脾的端午茶，与民宿主人和南来北往的旅人自在茶叙，乐活悠闲。

寻味好食

四都乡盛产高山蔬菜，厨师精选松阳当季的新鲜食材，在8米长的木质长案上，用一席有机飨宴为旅人制造从产地到餐桌的感动。

傍晚时分，民宿主人之一超骏买了分量十足的小龙虾上山，贴心的他亲自下厨给远道而来的云客们奉上一桌料足味美的麻辣小龙虾。和超骏闲聊时，发现他有自己的生活哲学，不仅爱美食、懂咖啡，还喜好摄影，痴迷于捕捉每一个美妙瞬间，这分细腻和执着也蕴含在了民宿的经营过程中。

离过云山居不过几步之遥，还有个口碑甚好的农家小馆，在这里我吃到了当地的特色小吃——松阳薄饼。当地老百姓将纯粹原始的当地食材制作成丰盛的荤素小菜，把各式菜肴馅料摆成条状放在薄薄的面皮上，再一卷，看似平凡却很考究。

服务细节

今晚，我是睡在柒朵的云客，窗明几净的卧室，拥有清新简约的 Loft 家屋氛围，散发若隐若现的禅意与悠然。精致温馨的房间布置，大量的原木元素搭配白色水泥墙的纯粹色调，营造出洁净素雅的舒适感。茶几上摆放着管家精心为云客们准备的暖心宵夜。大面的落地门窗使室内空间得以延展，露台用充满野趣的竹篱和玻璃围合起来，踩着一轮明月，可以遥看 V 字形峡谷中的万家灯火。二层用落地玻璃取代墙面，通透的视野让旅人和自然更加亲近。

星光下，我和衣而眠。翌日清晨，伴随着电动窗帘的打开，窗外的绿意和纯澈的蓝天毫无保留地渗透进房间，躺在床上便可阅尽春色。

周边趣玩

黄家大院
延庆寺塔
箬寮原始森林
古堰画乡
明清老街

民宿信息

过云山居
坐标｜ 浙江・丽水
地址｜ 浙江省丽水市松阳县四都乡西坑村
电话｜ 0578-8801888
微信｜ cloudingretreat

从黎明到黄昏，因为太阳太过灿烂，我没能看见壮观的云海，却给出了下一次到这里看霓裳流云的理由。

空气里满是阳光的香甜气息，是夏天的记忆。于是，此刻已不再是春天，我的心，已经来到夏天。

三生一宅：

老宅檐下守清梦，闲敲棋子话三生

岁月朦胧，韶光浅浅
淡墨黛痕，锁住光阴
日光之下，古巷流年
月光之下，深宅旧梦

在浙江省桐庐县富春江南岸天子岗北麓，距离杭州 1.5 小时车程的青山绿水间，隐匿着一个静谧的江南古镇。

它始于南宋，是申屠氏先人的血缘村落。

它很原始，至今保留着明代古水系。

它很传统，传承着“忠孝礼义”“耕读传家”的儒家思想。

它也很丰富，祠堂庙宇、民居老街、戏台坎儿井……足以令人寻根溯源。

它像一部文化底蕴深厚的古籍，书写了千年的历史。

它，就是深澳古镇。

相比于浙江的乌镇、西塘，深澳古镇没有熙攘的人群和商业化的气息，它安静纯粹，像一个隐世的村落，栖身远古的江南。一直以来对旧时光的偏爱以及醉心于江南水乡徽派建筑的情结，使我开启了这趟寻胜访古之旅。

人文风情

深澳古村，以水得名

深澳村临应家溪而建，村内独立的水系由溪流、暗渠、明沟、坎儿井和水塘五个立体交叉的层次组成，一条长约800米的暗渠使得溪水贯穿整个村庄，为方便村民取水，每隔一定距离就在地面开一个口，当地人将暗渠称为“澳”，渠水清冽，澳口深长，“深澳”便由此得名。当年申屠氏先人首先对水系进行了规划，还实行分质供水，环保的同时也充分利用了水资源。这构建于明代的水系，已经具备了现代城镇规划用水的雏形，可见当时先人们的智慧和远见。现在全村还有17口坎儿井、12个水塘，这些自古留下的原始水系，村民们至今仍在使用。

一砖一瓦，风韵犹存

深澳古村尚存的百余座连绵古建，多建于明清和民国时期，其中有四十余幢清代建筑，多属古朴典雅的徽派风格，有恢弘的宗祠、悠久的民居、古老的牌坊，雕镂技艺精湛的天井、梁柱、窗花随处可见。深澳的古民居大多是四合式天井院落，一进是门堂，一般门堂较小而堂里宽敞，有吉祥的寓意。走进大门就是回堂，再往里则是接待客人、祭拜祖先的明堂，堂内太师壁上方高悬的匾额，尽显竹苞松茂。我穿梭其中，深感时光倒流的美感。千百年的岁月悠然而过，老宅留守原地，古韵依然。

精致工艺

古建房屋最初的轮廓，经历了岁月的洗礼，依然静卧在屋檐脊背上。纵然布满沧桑，我仍然能够感受到深入木纹肌理的岁月感，深深地呼吸，咀嚼这旧时的记忆。不同时代特征的演变也让古建筑上精致的牛腿、窗花、人物、走兽各有不同的主题，结合浅浮雕、深浮雕、镂空雕、线雕等镂月裁云的木雕技艺，使建筑美轮美奂，梁棹窗棂间的雕刻也无一雷同。因为历史原因，许多雕刻中的人物肖像被削去了脸面，但遗留下来的依然栩栩如生。

深澳的历史遗存众多，有记录着家族辉煌、犹如圣殿般的申屠氏宗祠，现存规模最大的古建筑恭思堂，尽显儒风雅韵的九思堂，名字取自《礼记·中庸》中“君子素其位而行”的怀素堂……深澳村因遗存下来宝贵完整的古建筑群，被列为全国历史文化保护村。

幽深的窄巷两侧是泛着青灰色的斑驳墙面，青苔为卵石铺就的小径添了几抹绿意，带着怀古之情漫步在深澳老街，未闻喧嚣，却感受到淳朴的乡风。许多民间的手工艺已经渐渐消失在我们的生活里，但在这里还能看到弹棉花的手工作坊以及老祖宗留下的竹编传统手工技艺，看到村里的手艺人编制的竹篮、竹筒、竹筐等各种精巧的工艺品。这里有一家用传统的手工工艺古法制香的沉香工坊，匠人们研习古方，使沉香的气息弥漫在古风浓郁的老街上。

老宅檐下守清梦，闲敲棋子话三生

粉壁黛瓦马头墙，在离村口不远的一条巷子里有一座结合了江南民居和徽派建筑风格的宅院。它的前身是始建于清嘉庆十四年，距今已有200多年历史的砖木结构老宅——荆善堂，系桐庐县历史建筑。因为年代久远加之无人修缮，随着岁月的侵蚀，这里已成断壁残垣，墙院破败不堪。2014年当地政府开始积极探索如何让沉睡的乡村文化遗产重焕生机。历时四年，这里不但最大程度地复建了宅邸原有的古韵风貌，更以另一种姿态呈现出一座内涵丰富、有生命力的徽派雅居，名为“三生一宅”。

快到巷口时，看见不远处的高明向我挥手，并走上前来与我们打招呼，他就是“三生一宅”的设计师，亦是这间民宿的主人。朋友们叫他“高明”，其实他的本名是高伟民，是一个内秀于心、外毓于行的酒店设计师。

2014年高明在好友阿宝的提议下来到桐庐深澳，几经考察并与当地政府部门深入沟通后，决定在这个地方盖民宿。两年的精雕细琢，经过多次的掀顶、翻修、加固，既保留了当地的历史文脉，又用现代的设计语言去体现，前世的荆善堂迎来了今生。

高明问候着远道而来的我们，热情的管家阿宝招呼着大家进民宿喝茶。脚踩着青石板踱步向前，侧旁高高的芒草给古色古香的一进院平添了几分柔和。一道感应门缓缓打开，老屋里的沉香韵味和温婉古朴的气息扑面而来，环屋四顾，雕梁画栋，满目的徽雕冬瓜梁、隔窗、坐榻，丰富的空间感和浓郁的年代感不禁让我有穿越时空之感。

建筑设计

保留了徽派建筑的回字形结构，中为厅堂，两侧为室，明堂上方高悬着“荆善堂”的牌匾，下方则是开放式酒吧，天井四周是茶吧和书吧，中西合璧，营造出一种传统与现代混搭的美感。绕过暖意浓浓的壁炉，阳光通过天井洒下斑驳的光影，照在身上暖洋洋的。最吸睛的便是这天井的设计，高明发挥奇思妙想，把原有的天井改造成了鱼池，我坐靠在沙发椅上，抬头望去，看锦鲤在清澈的水池里自由游弋，不禁想起老舍先生的那句话：“生活是种律动，须有光有影，有左有右，有晴有雨，滋味就含在这变而不猛的曲折里。”

阿宝泡了一壶产自桐庐当地的雪水云绿，我轻啜一口，芬芳四溢。此刻水光潋滟晴方好，饮一杯浅茶，阅一本好书，真是让人乐不思蜀。

曲径回廊上挂着高明从村里制秤手艺人那里淘回来的自在钩、杆秤、秤砣等深澳的旧农具，这些锈迹斑斑的老物件浸润着逝去的光阴，我伸手触碰，摸到的是旧物的深情和时光留下的温柔。

客房分布在主楼的二层，一梯两户的巧妙设计，最大限度地避免了住客的互相干扰。民宿共有 15 间房，房间的雅号分别以深澳村历史悠久的堂命名，如“怀素”“行素”“九如”“蕴轩”“江南忆”等。我住在名为“写心”的客房，温文尔雅的名字令人顿觉释然，轻轻叩开用原木拼接并以榫卯相连的房门，屋内素雅有致，自然原色的裸露让空间尽显岁月静谧之美。卫生间里高明特意选用了雾化玻璃，既保障了相对的私密空间，又拉长了纵深方向，使空间更为通透。

熹光微微，我拉开柔软的麻布窗帘，轻依窗棂，窗前是锦鲤畅游的天井鱼池，凭窗而望，赏心悦目。这幢老宅极其复杂又极其纯净的空间设计，是技艺与美学的交融，我想这或许就是设计师了不起的地方吧。

服务细节

房间内铺设了地暖，并严选五星级酒店的床品和澳大利亚有机洗浴用品，在洗漱间我惊喜地发现，民宿主人还贴心地为住客提供了防噪声弹性耳塞，规避老房隔声上的通病，这些暖心的细节足以让我整夜好眠。

管家阿宝送来一份甜橙和哈密瓜的香甜果盘，并悉心询问是否要去深澳古镇走一走。我想着好时光就该被宝贝，于是满心欢喜地应下了。阿宝带着我们从深澳老街一路转到了隔壁的环溪村，期间路过一间特别有意思的酒铺，名为“二娘酒坊”，这里所有的基酒都是存放了三年的白酒。老板二娘拿了瓶手工酿制的杨梅酒招待大家，我啜饮了一口，如饮甘露，这 18 度的香甜，余韵无穷。

寻味好食

管家阿宝细心地招待着每一位远道而来的住客，早些年当过西餐总厨的他积累了多年的厨艺功力，做起中餐也毫不逊色，比如神仙鸡、澳豆腐、咸肉春笋、富春江杂鱼、笋干老鸭煲、酒酿馒头、应季的山林野菜……

有时遇到懂酒的客人，他还会拿出自己的珍藏和大家一起分享，觥筹交错间好像遇到了久别的老友。

世间所有的相遇都是久别重逢

修旧如故，既保持老宅原有的结构特征，又延续历史建筑的古韵精神，同时将现代元素融入老宅，以发展促保护，这就是高明一直以来的坚持。

民宿信息

三生一宅

坐标｜ 浙江·杭州

地址｜ 浙江省杭州市桐庐县深澳老街577号

电话｜ 15397038353

微信｜ PETER253938362

周边趣玩

桐庐环溪村

荻浦村

龙门古镇

富阳永安山滑翔伞基地

花迹：

俯拾皆历史，静候有花开

六朝金粉地，金陵帝王州
在繁华绮靡与盛极而衰中浮沉数千载春秋
沧海桑田，庇佑华夏文明之正朔
矜持的傲骨缀满了时代侵蚀的遗痕
摩挲，凭吊，黯然神伤
有人说
南京是一座忧伤的城

穿过历史的烟尘
玄武湖畔烟水茫茫，清秀灵逸
夫子庙门庭若市，孔子教诲世代传颂
夜泊秦淮，灯影璀璨，画舫穿梭
法国梧桐的葱茏青翠浸染了整个盛夏
我信手拈来了婆娑的文艺浪漫
在我眼中
南京是一块温润的玉

人文风情

老城南是南京文化的发源地，承载着金陵2000多年纷繁历史的记忆。如果说“最金陵”的是城南，那么“最城南”的一定就是门东了。

老门东位于秦淮区中华门以东，六百年来固若金汤的南京明城墙——聚宝门，是中国现存规模最大、保存最完整的堡垒瓮城。

穿过坊额上书“老门东”的石雕牌坊，青石向晚，巷陌纵横，每一处古色古香间，商贾云集，沉淀着江南佳丽地的六朝烟火气，酝酿着市井坊间的怀旧感，安于一隅的一处尘埃，可能曾是旧日的风华之地，这里的一砖一瓦一桥一井都演绎着怀古情结。

在古韵悠悠的青石阡陌间迁延，“花迹”就隐匿在老门东明清建筑与民国建筑的老宅群内，红砖轩窗的民国小楼衔接着一座黛瓦斑驳、粉墙离落的古厝。历经数百年岁月侵蚀，瓦楞上的青苔氤氲着古朴婉约的气韵，让光阴不经意间陷入了秦淮旧梦间。古旧的木门扉和锈迹斑斑的标牌稍不留意就错过了。

建筑设计

花迹的前身是城南一座传统的明清时期三进式老宅院，早先的主人是一户王姓做云锦织造的人家。民宿主人胡守连请来了蜚声业界的设计师余平，用“土木砖瓦石”这些源自大地、有生命属性的材料梳理出建筑脉络，延续了合院式住宅直抵人心的归属感，余平先生以“生态设计”的理念让民宿的 19 间客房和 5 个院落饱含了“人在繁花蹊径”的自然要义。

门厅里沉稳的木结构屋顶和敦厚的北方炕砖地面相得益彰，色调丰富的赭红色砖石砌垒的前台，镀了一层薄薄的透明漆膜，触摸起来光滑润泽，其中还暗藏了加热装置，冬季伏案时，顿时心生暖意。一方可茶叙雅集的庭院与客堂相连，被一扇扇敞开的木门和满布藤蔓的灰白色垣墙围合，一口甘泉古井诉说着陈年旧事，屋内怀旧的吊扇将自然风引入，吐故纳新。阳光洒进木窗棂，光与影追逐着，温柔地映照出材料的温暖质感。

空间内仿佛细语低吟着“应无所住而生其心”。用批砂工艺制造出富有肌理感的粗糙墙面，去掉缀余的修饰，没有吊顶，也无门窗套和踢脚线。

在民宿内有许多精细入微的细节，例如楼梯扶手和墙角被打磨成有呵护感的圆角；二楼走廊为降噪铺陈了厚实的地毯；壁龛内裸露的消火栓省去了门锁如同一个艺术装置；防火门被阻燃墙布包覆起来，著名的书籍装帧设计师朱赢椿在上面手绘了星星点点的花瓣和小蚂蚁，构成了一幅可爱的画作。在民宿里闲逸踱步，俯拾即是精致的艺术感。

客房的门牌是雅致的陶艺花瓶，插放着不同的花材。房间内素白的墙壁与匠人手工打磨的桐木和松木家具和谐地搭配在一起，极简的纸浆吊灯和床头两侧的布艺壁灯漫射居室的光线，散落的柔和光影延绵着舒适与静谧。桌上摆放着竹编瓶套矿泉水和牛皮纸包装的风雅手信以及一盘新鲜水果。民宿主人亲自为住客挑选了亲肤的棉麻织物，配以顶级音响的 CD 碟片以及《一日一花》的枕边读物。只看花名的搭配，眼前就浮现出一片悠闲恬静。

我上前掀开柔软的纱帘，一窗碎月洒落在古色庭院，几只小鸟在一棵温婉的法国梧桐上惬意地筑了巢，眼下朦胧的春夜散逸着别样韵味。

丨精致工艺

作为花迹的细节设计顾问，朱赢椿的点睛之笔看似轻描淡写，却宛若灵魂般深深地刻入民宿的每一处。

他用飘落的花瓣拼成“花”字，以一道不起眼的白色印痕划过金属板，延伸至快要剥落的墙垣，在上面粘了一只蜗牛壳，仿佛留下了生命的轨迹，这便是花迹唯美禅意的标识。正如朱赢椿在他的水墨风格绘本《蜗牛慢吞吞》中所呈现出来的，蜗牛的一步一行虽然缓慢却踏实且真实。

民宿主人将生命中四时有序的变换以朱赢椿的另一个作品《空度》通过视频的形式展现于过厅柜子上方的电视机里，用一天的记录来描绘一生，以至简的方式传达最纯的美。每个客房的洗手间墙上则以朱赢椿别出心裁的自作诗集《设计诗》内页为装饰画，幽默雅趣的生活气息流淌于字里行间。人生的清欢闲适之乐，大抵如此吧。

我钟情于花迹，不仅是因为它能让旅人慢下来，找到心的归处，还因为在这里，无论是院落、墙头、窗台还是走廊、楼梯间，处处都能觅到鲜花草木的芳踪。循着繁花蹊径，一簇簇爬上山墙的欧月和蔷薇娇艳欲滴，鹅黄色的木香、缤纷的牵牛花、金灿灿的银荆，一丛丛装点着墙角，这分属于花迹的馥郁香甜在心池荡漾间早已融化于心头。

服务细节

整间民宿从设施到服务，都令人倍感舒适。铺夜床打开折起的 30° 被角和写有旅人名字的晚安致意卡，营造了温馨的仪式感。公共空间的一隅，有随时让你放缓步履停下来休息的靠椅。我在走廊间一处舒适的沙发上小憩，管家前来递上一杯香茗，手中温暖的茶汤把松散的月光都凝固了。

寻味好食

民宿的餐厅名为“花迹食房”，也是原木打造的自然空间，素净淡雅的氛围让清晨都如此温情脉脉。勾选式的中、西式早餐菜单，种类丰富，食房阿姨以新鲜的食材烹制，摆盘的样式精巧考究。

瓦库，一个喝茶的地方。这个以瓦为设计题材的茶空间，距离花迹民宿仅有一步之遥。主理人不是别人，正是花迹的主人胡守连。店内随处可见瓦片的元素，上面勾勒着简笔画或者几句抒情的话语，只言片语让瓦的内涵愈加丰富。除了可以追溯源头、甄选高品质的茶叶，瓦库的餐食也是主厨依时令用农家原生态的食材匠心精制的淮扬菜肴，菜色精美且富有创意。

推荐菜品：豆浆炖百叶、麻辣土鸡爪、雨花石汤圆。

民宿信息

花迹酒店

坐标｜ 江苏·南京

地址｜ 江苏省南京市秦淮区老门东文化街区中营 52 号

电话｜ 025-87799977

微信｜ 17715232850

筱驻：

乾隆六下江南，停驻在光阴水墨间

乍暖还寒的孟春之际，我来到了苏州——一座被称为人间天堂的城市。她的样貌是如此符合我心中所想的样子。无论是底蕴深邃的苏州园林，还是粉墙黛瓦的传统建筑，抑或是恬静温润的枕河人家，以及吴侬软语的苏州评弹……她可能有着千百种模样，而每一种都令我沉醉眷恋。

水墨江南烟雨朦胧的绰约景致，以及中华五千年文化精粹的延续传承，都让苏州的美好与韵味无法复制。

人文风情

清乾隆二十四年，宫廷画家徐扬创作的一幅名为《姑苏繁华图》的磅礴画卷，用细致的笔触描绘了当时苏州城郊百里的娴美风物和繁华市井，诉说了“商贾辐辏，物阜民安”的繁华盛景。而在这 12 多米长的恢弘图卷中，刻画的近一半场景是在苏州城外的木渎镇。

木渎，地处太湖之滨、灵岩山麓，是一个与苏州城同龄的水乡古镇，迄今已有 2500 多年的历史。相传春秋时代，吴王夫差宠幸西施，在秀逸的灵岩山顶为她建造“馆娃宫”，又增筑华丽的“姑苏台”，因工程浩大，“三年聚材，五年乃成”，木材源源而至，堵塞了山塘河道，“积木塞渎”，木渎因此而得名。西施每日在宫中清水名香洗凝脂，这些水也随之流入山下的河中，日久便满河香氛萦绕，故旧时木渎雅称“香溪”。

依着香溪河，缓步徐行在河街相邻、水陆并行的山塘街，两侧绿荫绵延，小桥流水、古渡行舟、悠悠的青石板巷、古色古香的店肆、温情交错的市井烟火气，还有当地特色的乌米饭、松子枣泥饼，米酒的店招牌疏朗有致地沿街边林立，古镇上的居民或在岸边浣衣或是倚凉亭刺绣……一派悠然自在的江南水乡模样。虽然旧日盛世都会的浮华已然落尽，但历史沉淀下来的古韵依然流淌在数百年的水墨光阴中，她的质朴也在我的心中生根发芽。

若想读懂木渎的“秀绝冠江南”，就一定要漫步在香溪河畔去细细体味乾隆皇帝和将相名臣数次驻跸的虹饮山房、具有名园风范的严家花园、古朴雅致且拥有宅第园林风格的古松园、砖雕技艺精湛的冯秋农故居、晚清思想家冯桂芬的故居榜眼府第、始建于公元 935 年的历史悠久的明月寺……除此之外，木渎的手工艺文化也是名扬四海，从泥塑、银雕到琢玉、苏绣，很多名家匠人的作品都已是传世珍宝。

建筑设计

在攘来熙往的木渎古镇上，离巷口不远处有一座由清代五进院落老宅改造而成的民宿，名为“筱驻”，它的闲逸风雅为山塘街添了精妙绝伦的一笔，同时这里也是一处文物保护单位。

在当地政府的支持和园林古建匠人的配合下，用修旧如故的手法，最大程度地对古厝进行了修缮复建。民宿外观延续了苏州民居白墙灰瓦的素雅，配有铜鎏金兽面门环的老木门敞开着，静待有缘人来访，掩上门扉，仿佛自动阻隔了尘世的喧嚣。跨过门限，砖雕门楼饱经岁月沧桑，年深日久，泛着陈旧的色调，还有些残垣片瓦，但从斑驳的肌理中，依稀可见它昔日的辉煌。

从门限的高度到院落的规格，看得出来这是古代一品大员才有的“名门标配”，这里曾经的主人姓秦，是从事丝绸生意的民族工商实业家，当年用了 11 根金条买下这座老宅。300 多年过去了，秦家老宅有了新的身份——“筱驻”民宿，也换了新的主人——钱程，大家称呼他“钱员外”。

“筱驻”的整体建筑是由纵向的五个“厅”组成的传统五进式院落。在 1300 多平方米的空间里有禅茶室、书吧和咖啡厅以及 17 间客房，还有一个别致的苏州园林式庭院。从大门踱步而进，就是空间开阔的禅茶室，屋内素净雅致，考究的茶盅、茶壶等茶器透着一股儒雅之气，可以在此静心品茗，以茶会友。

绕过茶室，在二进天井里矗立着一棵已有 70 年树龄的老金桂，“钱员外”在其对面栽种了一株海棠，赋予它们“金玉满堂”的寓意，多么美好啊！这里汲取了中式传统院落的精髓，后方是开放通透的接待公共区域，以茶、香布局整个木构空间，营造出氤氲环绕的书香氛围。这里的一器一物、一花一叶都是民宿主人精心布置的。墙壁一侧整面的多宝阁里陈设着绝版磁带、老唱片、复古收音机、古书等各式有年代感的物件，为空间平添了几分怀旧气息。

循着幽深的游廊踱步前行，侧旁一隅是灵动的庭院水景，翠竹掩映，古拙的山石错落有致地安放在水光潋滟的池塘里。庭园的后面两进是民宿的居住空间，17 间客房共 7 种房型将传统建筑元素与现代主义设计和谐地融合在一起，古朴的风骨里又挟卷着淡淡的清雅。我入住的是“且停庭院”。

精致工艺

客房的布置简单舒适，加固的老梁柱和纹理天然的松木家具使房间内充满了自然气息和温润的色泽，朴实的木感空间让我安然自处。新中式禅风的草编席坐塌上整齐地摆放着竹编坐垫，茶盘雅物也置于木质小桌上， 想来是要用一杯清茶浸润这分举手投足间的风雅文艺。

一面宽大的玻璃窗将和煦的阳光和怡人的庭院景观揽入室内，从床边望去，这扇窗景好像一幅悠然雅致的苏式庭院插画。房间内使用了拥有国家专利的生态采暖系统，这种生态采暖膜释放的远红外线可以杀菌除螨，同时每立方厘米可以释放超过 4000 个的负氧离子，相当于在屋内种了一棵树，住客可以随时呼吸新鲜的空气。客房的设施以五星级酒店的标准来配置，无论是美国进口的床垫、泰国的按摩乳胶枕，还是西班牙的洁具、德国的洗漱用品，都让旅人在这里享有优雅怡然的居住体验。

寻味好食

孔子在《论语》中有云：“不时不食”。筱驻遵循着大自然的规律，从时令野菜到传统湖鲜，都顺应时节提供江南吴越特色的美食。蟹粉小笼、手工青团、菜猪油馅拖炉饼，以及虾、蟹、刀鱼、螃蜞四款滑嫩味美的江鲜馄饨……这些小食令人饱足口福。筱驻还推出了“独一桌”订制飨宴，其江南传统之味的传承由来自无锡知名酒店的大厨接下，除了严选食材，每一品的摆盘也将时令的季节感形绘于上。卤汁浓郁的梁溪脆鳝、醇滑鲜嫩的风味桂鱼、无锡名菜红烧筒肠，还有响油鳝糊、水晶虾仁、椒麻鸡，每一道都是不容错过的逸品，足以满足每位门客的口腹之欲。筱驻的餐食在当地独树一帜，也吸引了全国各地的众多食客慕名而来。无论是否入住民宿，如果想要享用这些美食，都要至少提前一天预约，否则只能向隅了。

周边趣玩

灵岩山

天平山

穹窿山

天池山

民宿信息

筱驻人文度假酒店

坐标｜ 江苏・苏州

地址｜ 江苏省苏州市吴中区木渎古镇山塘街 67 号

电话｜ 17761899088 / 0512-66790666

先生的院子：

淡墨素笺，羽化作一池星月

延绵的城市应有尽有，唯独没有尽头。从京藏高速一路向北驶入延庆区，云朵被装进蓝透了的天空里，裹着冬末的暖阳，我们穿梭于京郊最美的公路“延琉路”，杨树井然有序地林立公路两侧，沿着斑驳的树影极目迴望，竟有一种莫名所以的沉静之美。

古人的“市隐”情怀自盛唐时期就延续下来，千百年后，今人不必踏寻林泉野径，便可在城郊的一间民宿觅到心田里的一方静谧桃源。

人文风情

我们此次前往的“先生的院子”，仅闻其名，就觉书香脉脉。这是“隐居乡里”品牌旗下第 47 个院子，它遁匿在延庆刘斌堡乡一个民风淳朴的村庄——小观头村。村子里世代居住着深受传统文化熏陶的乡贤之士，以耕读传家、厚德笃行的诗书礼乐教化后人，使这里形成了优良敦睦的乡风。

时维二月，正值春节前夕，空气中缭绕着喜悦的气息，沿途拐过一个路口，来到了车水马龙的永宁镇，喜气洋洋的年集张灯结彩，沿街朱漆灰瓦的商铺售卖着各式土特产，乡音浓重的叫卖声回荡在街头巷尾。

作为北京市“历史文化保护街区”的永宁古镇，历史悠远，系五帝时缙云氏所都，于明永乐年间诏复置县，并取《书经》“其宁惟永”之意，古城中央坐落着气势恢弘的标志性建筑“玉皇阁”，另有些许遗存的古庙。除了古朴的中式建筑外，城内还设有一座始建于清代同治末年的天主教堂，有着迄今为止北京最绚丽的穹顶壁画。

来到延庆，最不应错过的佳肴就是豆腐，永宁豆腐从汉代起就有记载，清代时曾为宫廷贡品，以优质的大豆、山泉水和酸浆为原料三宝加之独到的制作工艺，使其流传至今声名远扬。如今延庆柳沟豆腐宴更是北京菜中的一道传统名宴，地道的豆腐菜肴以各种式样呈现，柔嫩入味，堪称一绝。

建筑设计

从永宁镇行驶十几分钟，就到了民宿所在的小观头村，管家阿姨已在路边静候，祥和整洁的村落全然没有大都会的浮华之感，质朴纯然的村民衣着简单、用情简单。

“欢迎你们来玩”，管家阿姨露出可爱的笑容，带着我们朝 2 号小院的方向走去，其余 6 个大小院落也都和谐地融入村庄的脉络之中。

抬眼处，原始的黄土墙上衬托着一块古老的铁艺门牌，上面铸印着“先生的院子”几个白色字样。这个文人气韵浓厚的名字源于民宿主人对民国时期投身乡建的三位先生——晏阳初、卢作孚和梁漱溟的致敬。

轻推开吱呀作响的老门扉，触目皆是林语堂先生笔下的那分闲适安然：“宅中有园，园中有屋，屋中有院，院中有树，树上见天，天上有月，不亦快哉！”

红砖砌就的围墙和宽阔的落地玻璃支撑起整栋建筑，屋内现代清朗的居室氛围透过大面的观景窗跃入眼帘，被黑色钢铁桁架裱框起来的景象仿佛承载着道不尽的温情故事。老屋和新建筑交织营造出今昔融合的画面，延续了乡村的记忆，也营造出温暖的氛围。设计师金雷先生保留了老院子原有的轮廓，用金黄的玉米垛和在柳编圆匾晾晒的山楂干等山野意境元素来装点整个院落空间。

想起了梭罗在《瓦尔登湖》里写的那段话：“我宁愿坐在一个南瓜上，并且独自拥有它，也不愿挤坐在一个天鹅绒的垫子上。我宁愿在大地上乘坐着空气自由流通的牛车，也不愿坐在观光火车的车厢里，一路呼吸着污浊的空气上天堂。”

此刻，这乡野自然，这碧空白云，令我怡悦不已。

精致工艺

设计师将室内格局布置为两间舒适的卧房和一间开阔的起居室，动线明朗至简，处处连通且互不干扰。清晰可见的老木梁，从容不迫地温润了流年，延伸出的水泥台面厚重清雅，视觉上突出了空间的质感。木色与灰色的素静之美，呈现出纯净的生活美学。摒弃了繁复璀璨的装饰，用干净利落的线条搭配细腻纯粹的色彩，抒写另一番精雅纯朴。简约与时尚，并行不悖，在一案一榻与一花一草间流露出清欢之味。即使没有素琴金经，一家人，几好友，一炉茶，几本书，也自成一室风景。屋内还铺装了地暖，赤脚踩在每个角落感觉都是暖暖的，一扫冬日里的寒气。

服务细节

民宿的每个院落都有独立的管家，为旅人奉上贴心的专属款待。从一进屋，管家阿姨就热情地为我们准备丰盛的下午茶。从甜糯的柿子饼到清香的蒸南瓜等，一席原生态的乡村美味被摆放在长条木桌上。

吃完田园小食，再捧一本书窝在和暖的居室，喝一壶管家自酿的树莓酒，暖心甘味，好像回到了自己的家里。

寻味好食

民宿里的招牌晚餐“火盆锅”，绝对是一道让品尝过的宾客念念不忘的秘传美食。

冬季来到这里，最幸福的事情之一就是和家人围坐在喷香扑鼻的炭烤火盆锅前，小火慢慢炖煮的锅物，以秋季晾晒成菜干的豆角、萝卜、土豆、茄子以及从山里采来的野味十足的蘑菇为辅菜，再放入切成薄片的五花肉，将纯手工制成的豆腐按照一层鲜豆腐、一层炸豆腐的方式层叠有序地摆入其中，冒着腾腾热气，散发着诱人的鲜香滋味，让人食指大动，忍不住垂涎三尺。锁住了阳光和养分的蔬菜干筋道耐嚼，香嫩软绵的豆腐有着回味悠长的口感，再佐以管家阿姨亲手熬制的野生山楂汁，饮食之乐绝对更上一层楼。

我想，火盆锅对我而言，不只是一种食物，而是冬夜里的阵阵暖意。

民宿信息

隐居乡里・先生的院子
坐标｜ 北京・延庆
地址｜ 北京市延庆区刘斌堡乡小观头村
电话｜ 13701286870
微信｜ rt354030186

周边趣玩

广源居
青山园
观西沟树莓采摘基地
永宁古城
龙庆峡

蝶梦山丘：

享自然之趣的亲子梦幻乐园

伟大的哲人庄子曾经梦见自己变成了一只翩翩起舞的蝴蝶。

他若有所悟，便在《庄子・齐物论》里记载了从尘世喧嚣走入逍遥之境的愉悦适志。因此有了“庄生梦蝶”的典故。

旧梦荏苒，但可以像蝴蝶一样生活，于是在蝶梦山丘我仿佛找到了缱绻流年的归宿。

人文风情

蝶梦山丘飞行民宿坐落在南京老山北麓水墨大埝景区的安静一隅。山峦逶迤、林海浩瀚的老山是江苏省境内最大的国家级森林公园。这里的森林覆盖率超过 80%，空气中的负离子含量是城区的 500 多倍。据《江浦县志》记载，早在 1000 多年前老山就有喀斯特地貌的“龙洞观云”等八大胜景。这里还有由于两亿年前地壳运动白云岩风化后形成的奇特黑石和延绵十里的天然温泉带。钟灵毓秀的老山一带也是蝴蝶的人间乐土，每年 3—10 月，金裳凤蝶、二尾蛱蝶、丝带凤蝶等各式斑斓的蝴蝶便翩跹而至，因为其间生长着一种名为“杜蘅”的香草，更是吸引了国宝级的珍贵蝴蝶物种——中华虎凤蝶来此栖息。

民宿主人郜青轩说：“蝶与梦，一切美好都是自然对人类灵魂给予的慷慨馈赠。”于是宛若蝴蝶仙子般的她从四栋民居开始，筑起了蝶梦山丘飞行民宿以及蝶学家张松奎出任馆长的全世界第一家中华虎凤蝶自然博物馆。

建筑设计

越过山丘，大面的玻璃幕墙搭配唯美纯净的白色外墙，户外的绿意景致被衬托得更加葱茏叠翠，这让我想起了日本富良野的森林小屋，在温柔里卷带着一丝仙气。

踱步于民宿的方寸之间便可体味到“将自然装进房子”的设计理念，内部装修看不到工业化批量生产的材质，撷选温润的原木、柔和的宣纸、有质感的麻布、原生态的稻草漆、传统工艺的水磨石等天然材料，模糊了建筑与自然的边界。

浸润在自然的质朴空间中，清雅的氛围令人身心愉悦，还将精致的蝴蝶元素融入了整个装饰设计中。

无论是入口处木构造型树旁点缀在墙面上的蝴蝶装饰，还是定制的蝴蝶水磨石地面，又或是在特制的木丝板吊顶上用小孔呈现出的梦幻蝴蝶星光吊灯，抑或石匠沿古拙的石头边缘刻画的一只蝴蝶造型，以及纯手工的蝴蝶铜片……民宿主人将灵感与巧思倾注到每一个细节中。

闲庭信步，芳草萋萋，循着饶有趣味的以老磨盘做踏脚石的小径而上，走廊间的天然树干疏朗有致地排列着，幻化成森林步道。

蝶梦山丘的客房分为一馆“蝶屿”与二馆“梦坞”。

一馆“蝶屿”6 个房间的雅号——秾芳、依翠、一庭、霞照、翩翩、晚风取自宋徽宗的《秾芳诗帖》，并在怀旧古朴的老榆木门牌上手工雕刻上风韵娴雅的瘦金体。

二馆的逍遥、御风、至极、扶摇、无穹等 11 间客房也各自拥有不同的主题，都源于庄子的《逍遥游》，且附上考究的手写门牌。

在颇具设计感的居室空间内，家具全由木匠手工打磨，未上任何涂料。民宿主人用雏菊、薰衣草、松果等别致的田园小物装点其间。

我入住了二馆的“冷然”星空房，客房内依旧延续了素雅的色调和自然的材质，柔软的布艺沙发和克鲁宁的纸吊灯营造出居室的温馨舒适感。

用利落的黑色线条切割而成的两面大落地窗替代墙面，使视野更加开阔，窗外的绿意也随之绵延至屋内，拉开杏色的落地帘幔，听着外面的清泉吐玉，感觉像是在与大自然对话，将纷繁芜杂抛在门外。夜晚于室外望向里面，洒落一地的灯光让玻璃屋看起来就像一颗璀璨的星星悬于天际。

服务细节

热情周到的民宿管家可以为客人提供独到的自然体验游程，为其留下感动难忘的回忆。也会为小朋友们精心布置蝴蝶主题的生日派对、缤纷的摆盘，这些都可看到管家的用心。

如果刚好遇见“腹有诗书气自华”的民宿主人郜青轩，也可以聆听她曾经满世界流浪的旅行故事。

精致工艺

木心说："生活是一种飞行，四季是爱的衬景，肉体是一部圣经。"

在黑暗的蛹里度过寂寞漫长的 300 天，经历了寒冬，在惊蛰后破茧而出，换来刹那间的绚烂，20 天后便悄无声息地逝去。这就是虎凤蝶沉默坚韧的一生。

于是蝶梦山丘飞行民宿里的这座中华虎凤蝶自然博物馆便以"爱与生命"为主题，在展厅内陈列了 5 种虎凤蝶及 380 余种世界珍稀蝴蝶标本，通过专业生动的导览解说、对中华虎凤蝶全虫态的展示、对世界虎凤蝶家族的解密，以人与蝴蝶互动交流的 3D 动画形式，使大人和小朋友们都可以体验自然生态的生命教育。

在山丘与森林的怀抱中，民宿还特别推出了蝴蝶主题的亲子家庭手工 DIY 活动，如蝴蝶标本贴画、蝴蝶面具彩绘、蝴蝶饼干烘焙等丰富的儿童自然教育课程。民宿主人通过对当地自然文化的深度发掘，使来此的客人发现自然之趣，找寻生命的真谛。

民宿信息

蝶梦山丘飞行民宿

坐标｜ 江苏·南京

地址｜ 江苏省南京市浦口区
水墨大埝景区入口处

电话｜ 18168015320

微信｜ 18168015320

周边趣玩

肆拾汤

四方当代美术馆

老山国家森林公园

珍珠泉

芯园：

我的梦中城堡

星期三的下午，风在吹，我睡着了……
白色的窗帘，轻轻地飘了起来。
毛毛兔来了，在窗外吹着口哨呼唤我，
推开门，森林好安静，阳光好温柔。
好久好久没在森林里游荡了。
——幾米《森林里的秘密》

宜兰是绘本画家幾米的故乡，每次翻看他的漫画，里面描绘的森林、海洋、湖泊、高山甚至阳光，都让我想起这座清新淡雅、安乐祥和的小城。

人文风情

随着节气步履的缓缓前行，春天的尾巴从我的耳廓悄然划过，于是夏天到了。四季中我最爱夏天，尤其是初夏，最美、最迷人。遵循着这分季节的限定，去一个有着“田园牧歌式”生活的地方旅行，远离人间烟火的纷扰，宜兰再合适不过了。距离台北市只有一个多小时的车程，这里就像是缓慢生活的逗点。

晨曦初照，阳光温煦而美好，饱满丰富的绿色在旷野上尽情地舒展。风在稻叶上行走，划过茸茸的幽绿，和池塘、候鸟安闲做伴。

宜兰是个很特别的小城，既文艺清新，又古老怀旧。宜兰除了拥有纯净的自然风光和原始的人文生态，还有让人流连忘返的礁溪温泉和奇妙的苏澳冷泉，也是台湾歌仔戏的发源地、木偶戏的大本营。宜兰完整地保留了很多中国的传统文化和民俗技艺，驻足此地值得细细品味。

建筑设计

影子在日光下沿着侧旁绿茸茸的稻田欢畅地移动着，在乡间小径的另一侧，有一栋太妃糖色的如城堡般的民宿，名为“芯园”。

整座建筑外观以欧式城堡为主体，构筑在一个绿意盎然的花园庭院中，闻着桂花香，漫步在院落曲径通幽的石板路上，不时可以看见两侧摆放的天使、精灵等各式别致典雅的雕塑，还有一座象征爱情承诺与誓言的纯白色凉亭，满园的树木、花卉相互簇拥掩映着，高大翠郁的落羽松、烂漫盛开的茶花、花团锦簇的金鱼草、闻风起舞的鸢尾花、茂密清新的琴叶榕、休闲讨喜的旅人蕉……目之所及，这些有着璀璨生命力的景致，犹如大自然花草丛林里自然延伸的一部分，充满了神奇的疗愈力。我仿佛置身于 18 世纪浪漫唯美的英式庄园里。经过一个浓情蜜意的蛋糕塔，丘比特玫瑰广场就在不远处，集装箱式的马厩也被安放在那边，一匹叫“奶茶”的白马无忧无虑地在里面打盹。

风推着暖阳，温热一点点地晕染开来，光透过树影，懒洋洋地洒落在地上、转角处，民宿的创办人曹菀芯正在悉心地修剪花草，这幢经营了 18 年的家族民宿，完全是曹姐一家人一草、一木、一砖、一瓦用心打造出来的。

现在曹姐的大女儿函颖接管了民宿的经营和管理工作，成为芯园的第二代民宿主人，通过分享芯园成立以来的点滴，向更多人传达台湾民宿的原初精神。她说："所有的梦想都需要时间来完成，芯园是旅人心灵休憩的净土，从踏进这里开始，就希望他们如公主或王子般备受宠爱。"我体味到在自然的气息中流露出的人文情怀。拥有足够的喜欢和爱才能够专注和坚持，这或许就是一直以来台湾民宿带给我的温暖和感动吧！

服务细节

芯园还特别设计了宫廷服饰体验区和礼服摄影服务，大人和小朋友都能够在这里找到适合自己的服装。

芯园的内部延续了华丽的欧式宫廷风，一层厅堂内宽敞明亮的拱形玻璃窗和新古典式的布艺沙发相得益彰、尽显典雅。立柜上陈设着民宿主人去世界各地旅行带回来的各式精致的茶杯茶壶，它们都在述说着一段有故事的记忆。坐在这里悠然恣意地喝下午茶，初夏的青翠绿意在窗上涂抹开来，不时听见庭院里小生灵们悦耳的鸣叫声，我享受着淡淡的时光，像一只在草地上伸懒腰的猫咪，恬静怡然。

每颗少女心里都藏着一个公主梦，身处芯园的每一个房间，就好似走进了《格林童话》中的场景。15 座不同主题的城堡，或富丽华美或梦幻甜蜜。国王城堡、皇后城堡、史蒂芬梦幻列车、辛德瑞拉南瓜马车、白雪公主、睡美人楼中楼城堡、小乔治和夏绿蒂……这里几乎所有的房间都是亲子房，滑梯、秋千、滑行小马以及各种造型的床，简直就是孩子们的梦幻游乐园，大人住在里面也可以找到童年的记忆，被浓浓的幸福感包裹。

函颖为我安排了芯园最为奢华的房间——皇后城堡。近 140 平方米的超大挑高空间，搭配了滑梯城堡、水晶灯、高背椅、猫脚浴缸……散发着浓郁的贵族气息和欧式风情。3 米多宽的定制款宫廷式金箔蛋形床，工艺精细，材质考究，如绸缎般的金色床头充满了皇家风范。曹姐收藏的一幅金框油画被挂在暖橘色的文化石墙面上，极其立体又富有艺术气息。

HAPPY

精致工艺

曹姐在 20 多年前就开始研习茶艺，小女儿晨禾在曹姐的熏陶下也开始学习茶道。巧手的晨禾还用蜂蜡片自制烛台，茶汤器物在一方素雅的茶席上构成了一幅诗情画意。初夏之日的茶叙，饮尽一盏茶，我不禁感恩这一期一会之缘。

寻味好食

生活的仪式感从一顿丰盛的英式早餐开始，为了唤醒旅人对自然原乡滋味的感动，芯园选用当季最新鲜的食材为客人精心准备营养丰富的餐点，品尝完美味的英式手卷、香甜的烤地瓜、滑嫩的太阳蛋、松软的奶皇包、宜兰当地的三星葱油饼、绵滑的玉米浓汤、艺术果雕，再啜饮一杯精品手冲咖啡，浓郁的口感顿时沁入心田。

红茶、绵软的蛋糕、酥脆的松饼、抑或招牌英式牛肉芝士卷，在惬意的午后，邂逅一段优雅、慵懒的英式下午茶时光，味蕾被愉悦着，绽放在心头，甜滋滋的嘴里满是幸福的味道。

周边趣玩

- 幾米公园
- 宜兰传统艺术中心
- 兰阳博物馆
- 罗东夜市

临行之前，曹姐给了我一个热情的拥抱，她和函颖一起在门口和我挥手告别，车子已经开出一段，我回头看见她们依然站在原地，望着车子开走的方向，这个画面令我倍感温暖。

芯园诠释着“家和生活”的定义，带给旅人的不只是一个可以居住的空间，还有像家人般的暖心陪伴。

民宿信息

芯园

坐标｜ 台湾·宜兰

地址｜ 台湾省宜兰县冬山乡珍珠村富农路一段 312 巷 120 号

电话｜ +886-39590565

学而山房：

黎母山上，仙居自然展素心

碧海蓝天，椰林沙滩，海南从不缺少旖旎梦幻的海景。然而，海南远不止惬意迷人的岛屿风光，她还有涤荡心灵的人文印记。

五指山下信奉万物有灵的古老民族——黎族，用传统手工技艺建造的船形屋、象征民族凝聚力的纹面图腾、流传千年的黎族民间织锦等生活与文化的历史缩影演绎着她的风韵。黎族文化绽放的秘境之光，令我心向往之。

丨人文风情

黎族先民是海南岛上最早的开拓者，而绵延在这片热土上的最长的一组山地——黎母山，地处海南岛中部，琼中黎族苗族自治县境内，是黎族人的始祖山，自古以来就被视为黎族的圣地。古天文学和地质学者认为在浩瀚的宇宙天体中二十八星宿之一的婺女星对应着黎母山，因此黎母山古称“黎婺山”。

都说“山不在高，有仙则名”，黎母山像一颗远古的祖母绿，除了原始浓郁的黎族风情，还盛传着桃花仙女从天宫下凡，孕育了“黎母”的神话传说。

900 多年前北宋文豪苏轼在这里赋诗《题黎婺山》，用“黎婺山头白玉簪，古来人物盛江南”抒写了这片遍布名花仙草的葱郁之境。黎母山更是极品沉香的盛产之地，这些文雅内敛的山中瑰宝展现着东方古国浓厚的沉香文化底蕴。

万山行遍逢黎母，陆海之间一山房。从黎母山山脚下向山而行至学而山房民宿，一路上都有标牌指示，抵达黎母山森林管委会场部，往七家坊方向大约前行 200 米，民宿就静静地隐匿在青山绿野和溪谷灵泉中，这里处处弥漫着沁人的森林气息和沉静悠远的清心韵味。

建筑设计

民宿的前身是一间始建于 20 世纪 60 年代的学校，闲置多年的废所经过两次修旧如旧的整缮被保留下来。建筑外观没有过多的装饰，自然粗朴的水泥墙上近乎褪色的“黎母山林业公司学校”几个描边大字被民宿主人刻意留存并展现出来，拉扯着记忆叩开了凝结的时光之门。

拾级而上，步入用竹丝茅草和砖石矮墙围合的院落，幽静怀旧、逸气浩然，恍如隔世的私塾学堂。

昔日校舍的质朴风貌在民宿空间中落落呈现，漆成蓝色的教室窗格和斑驳雅润的楼梯墙裙极具怀旧感，也给人时空转换之感。

青砖裸露的墙壁上张挂着线条分明的木板材，文化墙清晰有序地展示着“学而山房”的文化承载功能，一盏盏复古铁艺壁灯点亮了柔静的氛围。悬挂在楼梯间天花板上的一组响弦鼓，被巧妙地设计成错落有致的装饰吊灯，不禁令人感叹“其素以为绚兮”。

精致工艺

“学而山房”取自《论语》的开篇《学而》：“学而时习之，不亦说乎？有朋自远方来，不亦乐乎？人不知而不愠，不亦君子乎？”

民宿主人胡子曾在清华大学主修环艺设计，在我眼中，他不仅是一个读书人，更是一个有文化姿态的艺术家。胡子说：“创办民宿的初衷就是以‘学’为本：向经典学习、向先贤学习、向自然山川学习。”于他而言，学而山房不仅是一家民宿，更是一席崇尚自然教育的乡野之地。从大自然中来，回归到大自然中去，饱含了“道法自然”的哲思。

民宿客房区分布在二至三层，共设有 9 个房间，其雅号“知礼”“无邪”“不器”“里仁”“怀德”“温故”等均出自《论语》。客房是雅致的和洋式及日式榻榻米风格，井井有条的布置，极简之中不难洞见朴拙之美。

大自然不着痕迹地陪伴在房间中或者走廊的各处，一个优雅的转身，都会被璀璨的绿意和动人的鸟鸣包围着。

房舍的一层除保留了教室展示空间外，还有一间通透豁亮的大厅，它更像是一个人文艺术的雅集场所。素雅温情的木作家具陈设其中，一方半围合的小茶室，其禅茶一味、宁静致远的格调与整个空间一脉相承。纳入眼中的盆景艺术和中式插花在物转星移中，无论是清凉的夏日的清凉还是暖暖的冬日，都给人带来无比的欣悦。玻璃隔墙外是被绿林和溪水环抱的开阔露台，坐在这里可以闻香品茗、放空发呆，因为坐拥了大自然，所以这一刻觉得自己很富有。

服务细节

黎母山森林公园一带是热带植物和野生动物的王国，学而山房坐落于此，拥有丰富的热带雨林资源。

胡子邀请了浙江大学的昆虫学博士，结合迄今创办 8 年之久的“胡画少儿艺术”，在民宿里开设了自然教育课堂和生态文化研学。以周末营、亲子营、夏令营和团队拓展营的形式，为来民宿带小朋友的家庭提供有关昆虫、松树课题的创意课程，以及采风写生一类的创作艺术游。

学而山房还会不定期举办“黎母人文生态博物展”。胡子说：“学，是一种解惑。行，是一种解答。”

学而山房的管家还会特别提示上黎母山的旅人：无论行走何方，切记不要破坏自然环境，不独自行动。这里的山林毕竟是原生态的，物种很丰富。遇见了，让道而行。敬畏天地，敬畏自然。不扰山林，清净自修。

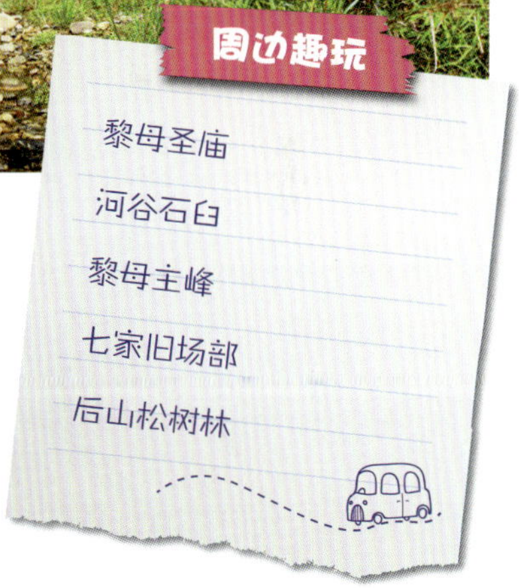

寻味好食

民宿自产清泉蔬菜，躬耕者基地特供清净肉类，常有从小用纯粗粮喂养的鸡鸭鹅，时有泥鳅和鱼蛋。简单烹调，就已唇齿含香，身心与肚腹都已被幸福填满。祖传工艺加上黎母山泉酿制的“女儿红”，清澈醇厚、甘甜绵软，小酌几杯养生怡情，尤其舒畅。学而山房的佳肴，宾客们在上山前需预约方能品尝到。

民宿信息

学而山房
坐标｜ 海南·琼中
地址｜ 海南省琼中黎族苗族自治县黎母山国家森林公园内
电话｜ 18089753635
微信｜ NWKL9999

画框里：

睡在长城脚下的山谷，隐逸慢时光

郊外有树的院子
此时此刻的云朵
枕边氤氲的咖啡香
记录了曾几何时一个有趣的梦

每一个寻常却又可遇不可求的生活瞬间，在逝去的辽阔时光中变得愈加珍贵。

诗人冯唐在《北京北京》里写道：“一日茶，一夜酒，一部毫不掩饰的小说，一次没有目的的见面，一群不谈正经事的朋友。”这些话印刻在我的脑海里，纵然北平之后再无北平，但记忆中的北京一直是豪爽的、温情的，它的骨子里带着知书达理的温雅和沉稳大气的宽厚，从不装腔作势，也不会故作矫情。风华清靡的帝都，繁华尽处也是它的代名词。倘若心中潜藏着山水隐居的情愫，那么在泉林野径的京味城郊，便可以用另一种方式开启北京清雅而细腻的一面。

有时候，诗意的远方并不遥远，它就藏在说走就走的城市中。

人文风情

车沿着京城高速一路向北，历经两个小时的车程，雾气在清晨的阳光中渐渐散去，直到一片温柔的青山绿水出现在我的面前，“快到了”，同行的友人说。

延庆，长城脚下的森林城、北京最大的天然氧吧、避暑绿洲。百里山水画廊，四季幻妙如画。我们正在找寻一处隐栖山水间的宁静居所。溪水萦绕的珍珠泉乡静静地流淌着，“水泉子民俗村”的横招映入眼帘，从左侧沿着小坡上去，在一面古朴的石头墙上，挂着一块略显斑驳的铁牌，“惠爱乡居——画框里”的字样轻柔地刻印在上面。

民宿主人惠幸辉请来北京无隐空间设计的主理人李帅共同打造了这家与山水为邻、尽享乡村淳朴风情的居所。

因鸟类在水泉子村具有神圣吉祥的寓意，设计师便独出机杼地以当地盛名的“百鸟节”为设计灵感，以孔雀为主题，将孔雀羽毛的蓝与绿柔和地融入一砖一石、一枝一木以及建筑的转角间。

建筑设计

2017 年 8 月，画框里民宿低调揭幕，所有建筑在不破坏自然的前提下，尽量保留老屋的原始风韵，以现代功能主义设计糅合了地域文化特色复建而成。

民宿为四方格局，一进一出。用石块垒起的厚墙围合着院落并渗透着乡情，从老屋上拆下来的瓦片，被用来铺设进门的小路，两侧用碎石子填满，雨天湿润却不泥泞。建筑外观延续了原初的木梁柱和灰瓦檐，四周延伸出来的木质游廊，用自然的气息与温润的色泽打破了空间的间隔。

改造伊始，院落里就有一棵饱满的香梨树，李帅为此巧妙地做了一个树穿圆的造型，将它完好地保留下来。他说：“心怀敬畏之心，推开每扇老宅的院门，一切都是为了展示大自然本身的美好。”

精致工艺

民宿仅设有两间宽敞开阔的客房，优雅质朴的私密居所特别适合亲子家庭或关系亲密的情侣、闺蜜包院整租。

主卧恬适清雅，最吸睛的便是客厅内那一只身姿曼妙的孔雀，空间里安放着许多耐人寻味的摆件，现代简约的开放式卧房在孔雀蓝与孔雀绿的相互映衬下显得清雅别致。自然光线通过整面的落地玻璃门窗透射进来，明暗交替的光影伴随着四季更迭，使室内充满了通透的呼吸感。

次卧文艺古朴、木香怡人，老木梁上的凹痕瑕疵自然朗润，房间被阳光分割，婆娑了一地的温柔。

徘徊在庭院里与山耳语，青山的绿意肆意地沁入一面竹篱墙，循着旁侧的阶梯拾级而上，便是用玻璃围合的观景露台。面朝青山，背靠民居，万籁俱寂的夜晚，只听闻虫语蝉鸣，或偶尔的狗吠声，葱蔚洇润依旧蔓延着，郊野的晚风和美好的记忆被装进了水晶砖的“画框里”。

我抬头望着浩瀚的星河，顿觉宇宙里的一切都是暂时的。至于美好呢，就是现在了。

于是，仲夏之夜，似梦初醒是我，别来无恙是你。

周边趣玩

中国延庆世界地质公园

百里山水画廊

四季花海

民宿信息

惠爱乡居·画框里

坐标｜ 北京·延庆

地址｜ 北京市延庆区珍珠泉乡水泉子镇

电话｜ 56250000

微信｜ A13051617777

芝麻谷：

一颗魔幻艺术的潘多拉星球

在心里默念了《阿里巴巴与四十大盗》里打开山洞门的咒语“芝麻，开门吧”，片刻间眼前豁然开朗，比起童话故事里强盗们眼前出现的金银财宝，这间有如潘多拉星球般新奇耀眼、炫丽魔幻的民宿，更让住过的人魂牵梦绕。

| 人文风情

青山翠峦、幽谷清泉、碧湖竹海，这些好像都不足以形容莫干山的美。早春时节，一霎雨添新绿，我们驱车前往莫干山南麓的筏头乡，据清朝道光年间《武康县志》记载：“竹木出山，牌行必始此。”故得此乡名。这里也是南朝文学家沈约的故里。

在筏头乡原有一间闲置破旧的竹笋罐头加工厂，一个名叫芝麻的上海女生和设计师王健，历时 15 个月，绘制了 1900 多张建筑设计图纸、300 多张手稿，最终把老旧厂房改造成了融艺术、人文、时空、梦境等多元符号于一身的芝麻谷艺术酒店。主入口处用低调的夯土墙围挡，车子向内行驶，还没等我们缓过神来，别有洞天的景致已经映入眼帘。

建筑设计

当特立独行、天马行空的民宿女主人遇上爱冒险、能折腾并且才华横溢的跨界设计师，芝麻谷独具匠心的建筑风格和充满巧思的空间利用完美地诠释了他们的生活态度。一幢幢坐落在自然中鳞次栉比的童话小屋有序地衔接着，曲面、抛物线、倾斜角、几何形等巧妙的组合构成，带来感官上的错乱，却又呈现出协调韵律的美感。建筑外墙以大胆细腻的红色和深灰色为基调，搭配几抹柔和的暖橙色以及整面明亮的落地玻璃，时尚简约的流线和清新别致的轮廓勾勒出洋溢着甜蜜氛围的梦幻画面。

休闲区域方面，开阔的大草坪上随意散落着趣味十足的艺术雕塑，一方澄澈的扇形无边瀑布泳池镶嵌在其中，在泳池立面的墙壁上设计师王健和艺术家们手绘了一幅绚丽夺目的文那经壁画，无边泳池里的水溢出，流过画壁，汇入一弯小渠，拥有神奇色彩的画作在水帘之中更加负气含灵。空气中弥漫着轻松悦耳的旋律，在令人陶醉的春日芬芳里我旋转着、跳跃着，面前不止是被上帝打翻了的调色盘，还有无可名状的张扬与活力，让我深深地感受到生命的张力。到了夜晚，四周连绵的青山竹海透着几分静谧沁凉，在灯光的映照下这里散发出浓厚的奇幻色彩，愈加让人沉迷其中。

民宿的客房以一度到十度来界定，混搭风的设计理念包含了 61 个风格迥异的房间，随着心境的变化可以在不同的意境时空中任意穿梭。

每一间主题鲜明的客房都以一域一景的方式打造出别具一格的艺术空间，民宿主人甄选工巧独特的艺术装置和独一无二的定制家具搭配绚烂缤纷的用色，无论是浪漫温情的“LOVE”、风情万种的“艳遇莫干”，还是诗意唯美的“豆蔻”，抑或富有异域风情的“波西米亚”，都可以让来到芝麻谷的宾客全方位感知极致匠心的设计哲学，使其拥有与众不同的居住体验。宽敞开放的格局，阳光不着痕迹地在通透的玻璃窗中自由穿行，每一扇窗户外面都是不一样的风物。

如果你恰好住在为爱而生的“LOVE”房间，除了仪式感满满的教堂屋顶，这里还有星光烂漫的露台，不大不小，既可以将风景如画的山谷尽收眼底，也刚好是心灵的惬意居所。

在奇幻摩登的“小红书”房间，设计师脑洞大开地把中古风的落地灯倒置在天花板上，流露出和谐又惊艳的创意美。浓墨重彩的红色墙壁上悬挂着芝麻姑娘画的一幅少女感十足的画作。设计师巧妙地在房间一隅设计了宽阔的中庭，把大自然的绿意婆娑引入室内，营造出建筑内部的“室外空间”，就像一个室内庭园，也赋予了客房更多通明柔和的自然光线。

走进“挪威森林”房间，奇妙炫彩的墙壁，富有质感、韵味的沙发、床头，抑或充满童趣的驯鹿摆件等各式陈设之物，都让人如同置身在丛林秘境中，也让我想起村上春树在《挪威的森林》里所写的：“每个人都有属于自己的一片森林，也许我们从来不曾去过，但它一直在那里，总会在那里。迷失的人迷失了，相逢的人会再相逢。”

精致工艺

从步入芝麻谷大堂的那一刻起，我便徜徉在艺术的国度里，芝麻介绍说，在大堂、餐厅以及客房内置放了 5000 多件家具，其中有 30% 是她从世界各地收藏而来的，里面不乏珍藏多年的国内外艺术藏品，另有近 70% 的家具是芝麻谷的定制款。设计师将丰富的想象力和创意用定制化的家具和装饰来表达，每一款都足够特别。

漫步在大堂，用绿油漆随意泼洒的地面，附着上时间的烙印，透着恣意随性的舒适状态，也恍如误入了一间包罗万象的艺术博物馆。从印度收来的竹藤椅、清迈色彩丰富的木雕方桌、从宁波淘来的石狮子、清朝的庙堂组画、加持过的掐丝黄财神唐卡、藏区的扪布老门板……每一件收藏品都耐人寻味。除此之外，这里的很多茶壶、花器、餐具都是独家定制的作品，在景德镇手捏烧制的陶器，芝麻别出心裁地请工匠们在杯碟、小勺上彩绘出俏皮的布朗熊、可妮兔的图案，甚至做工考究的灯罩也是芝麻请工厂用她喜欢的手工刺绣布料整块包料制作完成的。特别的是，在民宿空间里，目之所及的每一件家具和工艺品都可以向宾客贩售。

服务细节

在这里宾客与管家或民宿主人的关系不同于在酒店，身处芝麻谷，管家好似朋友般的问候、招待以及体贴的关怀都温暖人心。让我印象深刻的管家小孟，是个很会教客人在民宿里拍照摆姿势的女生，如果你下次去芝麻谷，记得也请她帮你在那面经典红墙前拍张美照。

大堂内还有一间优雅的电影仓，门口一侧的黑板上写有不同时段放映的影片，为宾客提供休闲度假般的体验。

寻味好食

顺着铺满碎石子的枕木小道，掀开写有《桃花源记》的挡风棉帘，走进芝麻谷的“精灵餐厅”。从独家设计的木质手感餐桌、清雅古典的巴厘岛木刻长椅，到古拙细腻的印度酒柜、手工全铜的吊灯，以及从伊朗、尼泊尔、泰国等地收来的各类装饰艺术品，都缔造出奢华典雅又不失清新婉约的格调，也烘托出浓郁的异国风情。餐厅里整排的落地玻璃，无论是用餐还是喝咖啡都可以随时拥抱窗外的自然美景。

民宿信息

芝麻谷

坐标｜ 浙江·湖州

地址｜ 浙江省湖州市德清县武康镇筏头村307省道姜湾68号

电话｜ 0572-8290995

微信｜ zhima888

周边趣玩

莫干山风景名胜区

下渚湖国家湿地公园

逢春园：

五感极致的心灵治愈和轻食料理寻味

每到台湾的宜兰，我都想将这座慢活小城的人文地景饱纳在我的字里行间。这里人文温煦，生活安逸又简单，像是台北的后花园，有稻浪滚滚的田野，有原始森林，有高山湖泊，也有绵亘的海岸线。

人文风情

无杂质的农业耕作环境，加上源源不断的纯净水源，使这里的农产品味道特别好，连空气都是清新甘甜的。稻谷收割后便开始蓄水，形成一面面平坦无波的静水池，引了很多水鸟和候鸟来此栖息，这里随处可见油绿的三星葱田以及成群的白鹭在田间嬉戏。

依山傍海的兰阳平原，阡陌纵横。宜兰地处兰阳平原之上，三面环山，东面向海。在这里，海豚眷恋着大海，太平洋上幽幽浮着的龟山岛是宜兰有名的赏鲸豚之地，作为全台唯一的活火山岛，它有着 7000 多年的历史，随着大海载沉载浮。

生活气息浓厚的南方澳渔港，是海鲜饕客的天下，因黑潮带来丰富的洄游性鱼类，在这里可以买到当季的鲜甜渔货，品尝最地道的海味。

宜兰四季的耕读渔樵之乐，纯净自然且带点原始气息，舒适惬意的乡间生活时常唤醒我沉睡的文艺感，真想在此地停留多日，感受这里独有的清纯和质朴。

服务细节

距离台北 1.5 小时的车程，穿过雪山隧道，耳边是淅淅沥沥的雨声，面颊感受到太平洋潮水独有的湿润。

逢春园就在兰阳平原的半山腰上，来山下接我的是逢春园的第二代主人——林嵩浩（ Howard ）。

Howard 毕业于 HIM 瑞士蒙特勒酒店工商管理大学。开车一路上山，他向我介绍说逢春园是一个全封闭的庄园形态的民宿，占地 15 000 平方米，却只有 9 间客房，容纳 24 个客人，他们希望这里不要有太多人，从而让住在这里的人真正拥有放松而幸福的感觉。为了让客人在逢春园安心自在，他们非常注重住客的隐私，所以谢绝住客以外的人参观。

不一会儿，我们停在了一扇有镂空樱花图案的电子铁门前，旁边立着一块写有“逢春园 Feng Chun Villa ”两行字样的招牌，顿时我觉得这里更像是一座私家花园，可以让客人拥有更多的自我空间，不被外界打扰。

建筑设计

走进逢春园的大门，眼前便是宽敞的欧式花园，绿意如织的草坪上，一尊唯美雪白的艺术雕塑矗立其间。有两栋雅致的建筑。一栋是都铎式风格的客房，是 Howard 的父亲亲手设计的，他并非建筑专业，却因为游历过很多国家，看到过太多美丽的建筑，于是把脑海里逢春园的建筑外观勾勒出来。另一栋干净极简的类清水模外观的房屋，名为“嵩屋”。在东北季风的吹拂下，宜兰尽揽雨水，设计师巧妙地把这栋建筑和雨水相结合，外围几何形状的雨水造景的镜面水台，营造了空间的灵动感和延续感。

嵩屋里的茶蒸汽浴室是逢春园的招牌特色，用清香乌龙、蜜香红茶、陈年老茶的浓厚韵味弥漫全身，纾解一切压力、疗愈身心，于我而言，这是一夜心灵疗愈的忘忧之旅啊。茶浴之后来到能量空间，这里有获得专利认证的远红外线结构的木地板，躺在上面，悉心感受空间里绽放的温柔感，和自己的内心对话，缓慢而又自然。正如作家白落梅在《林徽因传》写到的：真正的平静，不是避开车马喧嚣，而是在心中修篱种菊。

逢春园房间里的设施都尽量极简，民宿主人不希望空间里有太多的矫饰。透过木结构，从视觉、质感上赋予空间更加雅致的生活氛围。每间房都有主人独一无二的画作，彩绘、油画、素描……

精致工艺

沿着芳草地上蜿蜒的石砌小路，经过一方锦鲤恣意游动的池塘，来到这间名为“旅的交汇 Bar”房间，Howard 的父母喜欢旅行，更喜欢分享旅游的乐趣，这里有他们周游 103 个国家带回来的珍贵手信。抬头望去，满屋子琳琅满目的珍奇纪念品，每一个都有自己的“国籍”，夫妻二人希望通过这间民宿，与客人分享旅行的点滴和他们的生活。

风趣温柔的女主人许姐见我走进来，便热情地带我来到“逢春原生廊”，向我介绍这间民宿的历史。逢春园得以传承是为了纪念爷爷林阿枝，林老先生字逢春，当年创办逢春商行，铿铿锵锵打造了这里最初的规模。感受着前人胼手胝足的光荣余味，看到墙上陈旧的盘碟、逢春商行的各式文物、当时店家的残缺印记，不禁感叹，这十几步的走廊，承载了几十年的记忆。

逢春茶室之美

许姐是个爱茶之人，在公共空间的一隅，有间小小的茶室，这一隅格外宁静，端起、放下，在杯盏的浮沉之中，心灵可以获得慰藉。白天透过茶室的落地玻璃，可以看到白云缭绕，远方连绵起伏的山峦，四周皆是迷人的景致。在逢春园随处都能聆听到溪水淙淙和洋洋盈耳的鸟鸣。这里的鸟类种类丰富，房间便以出现过的鸟类命名，灰喉山椒鸟、灰头鹪莺、白头翁、红鸠、翠鸟、五色鸟、家燕等。

寻味好食

一泊三食的方案包含了一份精致的下午茶，所有的食材都来自本地栽培的严选良品，于是我来到嵩屋，置身于鸟林秘境、落羽松林，看着远处成排的槟榔树，坐在椅子上一边用红外线黑曜石烘足，一边享用美味，有悦耳的鸟鸣和清脆的风铃声和我做伴。

逢春园的每一寸土地和每一种植物都是许姐一家人亲手养护管理的。无菜单创意晚餐采用园区内的时令食材，以及宜兰当地的新鲜鱼获，制作出对身体温和而无负担的轻食料理，有用胡麻酱拌的温沙拉、清爽的青蔬野味、味增松阪猪、烤南方澳鲭鱼、浓香的马告排骨萝卜汤（马告，是台湾泰雅族语，原意是一种野生山胡椒，果实粒小成串，充满香气，泰雅族人用来提振精气神）。

有趣的是厨师利用台风天被吹断的樱花树，把树枝截取下来，附上面包树的大叶子，做成一个可以装食物的器皿，搭配可爱的苔藓花盆摆盘，这里的食物充满了视觉与味觉之喜，让我对大地的恩惠充满感激。饭后用料考究、口感绵密的甜点为这顿用心的晚餐画下完美的句点。

民宿信息

逢春园 Feng Chun Villa

坐标｜ 台湾・宜兰

地址｜ 台湾省宜兰县大同乡松罗村玉兰 20 号

电话｜ +886-3-9801942

周边趣玩

鸠之泽温泉

太平山森林游乐区

明池森林游乐区

姥姥家：

调慢时间步调的田园山居生活

将情感停留在过往的岁月
处处可见时间的脉络与青春的痕迹
巷弄中的百年老宅
让人忆起了在姥姥家的幸福童年

来到姥姥家民宿的季节刚好是秋天，北京阳光和煦的时候，日光和我们一同踩进了老房子的斑驳砖墙和木窗棂。那暖洋洋的感觉就像晒棉被似的，亦如乍见管家李阿姨热情的笑容，从一开始便让人觉得非常自在。

人文风情

老房子坐落在京郊苍青翠绿的幽岚山下的一个村庄——房山黄山店村，一个依山而建、面溪而居的村落，因村东北有黄岩山而更今名。村里有个期颐之寿的老奶奶，从她的豆蔻年华到耄耋之年，这座老宅从始至终与她相守，伴随着流淌的时光，老屋也见证了老人一生的悲喜离欢。

这间民宿名为“姥姥家”。这个饱含了亲情记忆的名字，听起来亲切又自然，也是我听过最不矫情的名字。

穿过一条迷你小巷，有年代感的老木头门和两旁用旧砖瓦堆砌的矮墙，让人一不小心就会忽略了入口。入口旁写有“姥姥家”三个字的门牌用粗麻绳镂空覆盖着，不禁让我想起我太姥姥家年代久远的织布机。

推开吱扭的木头门，院落墙头的绿植和缤纷锦簇的八仙花、浸着荷花的高低错落的大水缸、郁郁葱葱的翠竹、一面大大的半透明落地玻璃，让老宅变身成绿意盎然的小庭院。

建筑设计

慢步调的乡居时光，让我一时有了从城市叛逃的念头。这里每个空间都有方便开启的窗户，阳光洒进来，无意间吹入的徐徐清风让空气自然流淌，吐故纳新。

设计师保留了原有房舍及院落围合的外观肌理与空间关系，对一些破旧漏雨的屋顶进行了重修处理，但材料和工艺依旧沿用传统的石板瓦顶。姥姥家民宿里有 6 间客房和一个宽敞的半开放式用餐区以及 1 间私人影院。内外空间被有序地分隔成若干个区域，它们既相互贯通又互不干扰，营造出丰富的群组院落氛围。

百年老宅需要整修的地方太多，而这里处处可以看到设计师金雷先生对老房子的呵护。建造与装饰元素尽量就地取材，百年原生建筑的土木砖瓦石堆叠出了老屋的气息。民宿里的老木梁，上面的凹洞、刮痕等历史痕迹都被刻意保留下来，不加缀饰，维持原来的样貌，同时被新建的围护结构保护而不受风雨侵袭。

民宿惊艳之处是设计师将每面墙都留出了一块方正空间，来展现墙体背后最原始的建筑材料，现代时尚的风格与农村的家屋气息融合在一起，老宅的温暖感时刻包裹着旅人。此外空间里没有过多的设计矫饰，房间里的设施都尽量极简，设计师使用混凝土，不加雕琢地让原色裸露，再搭配木头元素，让整个居室充满了自然气息与温润色泽，混凝土的粗粝与木纹的细腻色调统一。浴室的一面水泥墙，呈现了粗犷下的质朴沉静之美，而 U 形玻璃增加了建筑的通透感，有的淋浴间可以直面苍翠山景。繁复与简约的混搭、古朴与时尚的融合，将旅人置身在与自然元素相融却不造作的空间氛围。

精致工艺

民宿里所用的每样物件都是民宿主和设计师的巧思之凝聚。比如餐桌上的手作原木筷枕，设计师的木感玩心之作让进食变成了一种享受。碗盘筷碟摆得整齐有序，美味的食物盛放其中，等待着被品尝。这样带有仪式感的进食，让食物的美妙滋味就在筷子的一起一落间散发出来。

实木置物架上的木质八音盒、樱花味的糖果罐、竹篮里的羊毛毡公仔、浴室里的澳大利亚有机洗护用品，以及洗手台上的木质皂液器、原木牙刷，都给人温暖、陪伴的感觉，让旅人倍感踏实。

寻味好食

乡间田野的幸福原味莫过于品尝管家阿姨的好手艺，从迎宾的下午茶开始，有香甜可口的红薯、南瓜、玉米、甜酒酿，精致的田园有机餐食没有过多调味，却带来最淳朴单纯的美味。

在姥姥家民宿倡导修素心、做素人，随季而食，因此这里是一个“全素食”的民宿。丰富的素食三餐是在专业大厨的悉心指导下，管家阿姨亲手烹调的各式家常菜肴。其中，传统的手擀面浇上汤汁浓郁、香而不腻的五丁卤堪称一绝，地道的美味惊艳了我的味蕾，让我尽情享受专属的美食、空间、轻旅行所带来的快乐美好，感受自在的心灵时光。

老房子，绿庭院，和煦阳光，一杯丰富的安静！

周边趣玩

坡峰岭景区

快活林

醉石林

民宿信息

隐居乡里·姥姥家

坐标｜ 北京·房山

地址｜ 北京市房山区周口店镇黄山店村 80 号

电话｜ 13701286870

微信｜ rt354030186

原乡里·水泉：

躺在四季的星空里，心如浮云闲

八月很好。

清风一吹，就有了秋意的飒爽，阳光温暖得刚好，北京的天空也被涂抹成海洋的颜色。记忆中的八月也是荷花开得最好看的月份。

八月的晚风最轻柔，月亮有些忙碌，我头顶满天繁星，眨一下眼睛，星星好像更闪烁了。

木心说："谁也不懂天上的星，谁都喜欢看星星。"

在北京的“避暑夏都”延庆，藏匿着一间星空下的民宿——原乡里·水泉。小隐隐于野，经过G110 国道，驶入昌赤路，就这样，我们流浪在北京城北的一隅绿意里。

| 人文风情

放眼是浩瀚延绵的燕山山脉，徜徉在如琼似玉的郁翠山谷中，满溢的负氧离子让眼睛也跟着自由地呼吸。

远山如黛，云朵仿佛自蜿蜒小路飞起来，而流入云际的向日葵花海映衬着我们彼此的笑脸，一整片流香溢彩的鲜花沿着乡间柏油路铺展开来，一幅北方初秋的浓情画意像迷人的油画般流淌在我的手心里。

民宿就坐落于四季花海的不远处、珍珠泉乡的菜食河畔。村内的一处奇特景观“珠泉喷玉”，曾是明清年代的延庆八景之一。据史书记载，珍珠古泉距今已有 1500 余年的历史，纯澈的泉水终年不断地涌出，泉质为重碳酸钙镁型矿泉，对人体有一定的养生功效。泉外每有震动，串串气泡就会伴随着节奏喷涌而出，好生有趣。

乘着清爽的荷风，望见一湾秀色荷塘。房前屋后，瓜棚豆架，这里没有纷扰，鸡鸣狗吠的乡野之音徘徊于耳边。

建筑设计

我们迈着轻盈的脚步，绕过柴扉小径，在一户村民家隔壁处的青砖墙上看到“水泉 031”的灰色字牌，听管家介绍说这座宅院早先的房契上就写着“031”的编号，民宿主人在承租后便将它沿用下来。

院子里的繁花绿意早已透过镂空的瓦片窗格蔓延至眼中。缓缓推开古旧的木门进到民宿，脚下大小各异的片石和碎石子墁地，宽敞的庭院满园葱茏，每一处都是怡人小景，摇曳的粉色蓼花让心情也跟着轻松摇摆，紫茉莉、百日菊与格桑花相互掩映，攀爬上架的南瓜藤和四周的青山叠翠流金。一块 DIY 的迷你菜园和一方儿童嬉戏的沙坑充满了田园闲趣。

民宿改造自村里的老院子，“原乡里”品牌的创办人曹一勇通过感性和理性的建造方式，使朴拙的泥墙木梁建筑默默地守护每一寸乡野大地，将挂在屋檐下的红灯笼点缀其间，尽显北方原味的乡村风情。

精致工艺

民宿还设有三间独立客房，特别适合亲子游或三五亲密好友整租。正房保留了老屋传统的样貌格局，入口处的堂屋，空间虽然不大，但从建筑到陈设的古风家具、老式座钟和珠算盘等老物件，都留下铺陈一室的耐人寻味。

我睡在一侧的卧房，窗明几净，视野正对着翠绿庭园和远处山峦，设计师在原有的木椽梁上精心修葺，农村原始的黄土墙面以镂空圆形的样式毫无保留地展现出来，三扇古典的中式老门板附着了时间的烙印，透出古朴的雅致感。悬挂的竹编吊灯在夜晚洋溢着舒适柔和的情调。经典的四柱床幔营造了独立安静的睡眠空间，当然也可以躺在柔软舒适的床铺上仰望星空。

美丽鄉村

周边趣玩

- 硅化木国家地质公园
- 燕山天池
- 齐仙岭风景区
- 滴水壶风景区

民宿信息

原乡里 · 水泉

地址｜ 北京市延庆区珍珠泉乡水泉子村

电话｜ 13521471204

微信｜ 13521471204

外水良·艺境：

住进温柔纸山，也让纸山温柔住进心里

阿根廷的诗人博尔赫斯曾在《小径分岔的花园》里写道："一个人可以成为别人的仇敌，成为别人一个时期的仇敌，但不能成为一个地区、萤火虫、字句、花园、水流和风的仇敌。"

当我们生活在别处时，会觉得是梦、是艺术。每每在大都会待久了，我就想潜居在青山溪谷间，恰逢这孟夏之日，更宜自在地活成诗。

夏天该很好，你若尚在场。

人文风情

空闲已定，于是决定趁着小假期去浙南的俊美秀逸之地——温州泽雅，旧时此地名为“寨下”，而“泽雅”则是“寨下”温州话的译音，光是名字就透着一股清丽脱俗之气。

浙南多山岳，一脉清泉在山涧时而淙淙流淌，时而湍流急涌，沿着这条龙溪逶迤而上，我在相机镜头里收藏下这幅灵隽的山水画卷。

其实这些年看过的名山秀水不少，泽雅最让我动情的也远不止这幅自然风光，还有是她积淀千百年的古老情愫。除了元朝至正年间建造的寂照寺、明朝建造的永宁漫水桥等众多古迹文物外，更有宋代延续至今的纸山文化。

泽雅自古多茂竹，淳朴的纸农们以腌塘腌竹、水碓捣刷、纸槽捞纸等 72 道之多的传统工艺，完整演绎着传承千载的古法造纸技艺，其中始建于明朝初年的“四连碓造纸作坊”俨然就是中国造纸术的“活化石”。

距离四连碓车程五六分钟的山坳里，藏着一座石头古村，名为“外水良村”，知晓的人不多，自然多了几许超凡的纯然。而“外水良·艺境”民宿就坐落于这片野逸的世外桃源中。

建筑设计

来时的一路上与民宿主人莉茹和她的先生欢愉畅谈，甚是怡悦，说来也是有缘，早年就与莉茹在北京相识，这个温州女子举手投足间都散发着温婉优雅。

久别重逢的感情仿佛都透着光，燃亮了五月里最温柔的一天。

车子停好后，我们沿山路石阶古道徐步而行，涓涓细流的清透水渠在一侧淌过，此刻，心间完全的愉悦和静默拥抱着我。

岔路小径，连着一片广阔的田野，村民们遵循着大自然节气变化的规律，躬耕乐道，用古法农作。身旁四处是生机盎然的绿植花木，每一棵树、每一朵花、每一颗果实都诠释着生命的力量。田舍掩映，袅袅炊烟，这份看似普通的乡野原味予人无比安适的悠哉感。民宿就依延绵的山势而建，与云雾和峰峦交织在一起。

一幢幢古朴的石屋和谐地融入整片层叠绿意中。建造伊始，莉茹请来设计师姚量为其改造，姚量以友善当地人文自然的理念，在建筑外观和材料上，保留了纯朴厚重的石头墙和原有的青砖黛瓦，通过独妙的空间改造和动线规划最大程度地使建筑、人与乡间环境对话共生。而这些冬暖夏凉型的石屋不仅延续了质朴的原始风情，也更适宜现代人居住。

精致工艺

民宿的8间客房分布在一号院和二号院，都是“户庭无尘染，虚室有余闲”的清净居室。“一号院”大多采用包整栋的形式，3间客房加上几处开阔公区营造了距离刚好的私密空间。

推开虚掩的竹木门，是满目的翠绿葱茏，四柱半透明的白色纱幔为精致的庭院平添了几分仙气。一方卵石砌筑的戏水池带来了丝丝清凉。

走入厅堂，顿生“家”的归属感，原木的梁柱和天花板与类虎皮纹的墙面肌理相呼应，整洁的中岛式操作台巧妙搭配着整体木构空间，增加了居室的温度。屋内的壁炉以及展架上陈列的陶罐、书籍构成最温情的装饰。

我入住的是楼上一间带独立观景露台的客房，房间内呈现简约和风的格调，清水地面、素面白墙和再生老木，这些质感元素与充满现代感的落地玻璃相互叠加，精心素简的卧房布置和宽敞舒柔的床铺温暖地治愈了我的失眠和梦呓。

寻味好食

莉茹亲自下厨，口中跟我念叨说：“一直想着等你来了，做顿温州当地的美食给你。”一会儿工夫，摆盘有序的特色菜肴集合上桌，这些温州本地的时令海鲜搭配上她的娴熟厨艺，成就了一道道让我大呼过瘾的风味好食。

我特别喜欢吃香辣海瓜子，翻炒之后个个咸鲜入味，还有莉茹用远海的大鮸鱼煮的鱼丸汤，汤羹入口滋味极鲜，丸子 Q 弹有嚼劲。招牌的炒粉干、温州敲虾以及血蛤等，这一席美味都在莉茹精巧的手艺下使我回味不尽。

服务细节

清晨，随手翻阅了枕边的“单向历”，看到今日“宜致青春”，顿时觉得神清气爽。莉茹喊上我和另外一对前晚就来到民宿的夫妻一同去往“二号院”的茶室。我们在席居制的榻榻米上随意而坐，温了一壶民宿自制的白茅根水。虽未饮茶，但也在这杉木竹海间品悟到一期一会的精神。

通透宽阔的玻璃幕墙将山岚起伏尽情呈现，把我融进山里，也让山住进我的心里。在这个赋有禅意的美学空间里，不看手机，断开网络，不受外界干扰，还原慢生活的艺术美感，使我们不止能聆听大自然的声音，也更容易倾听彼此的心声。

周边趣玩

水碓坑村

泽雅风景名胜区

琦君故里

金刚尖滑草场

民宿信息

外水良·艺境

坐标｜ **浙江·温州**

地址｜ **浙江省温州市瓯海区泽雅镇外水良村**

电话｜ 13868807916

微信｜ xlr633698

原舍·望山：

回归纯粹生活的逗点，体悟素简侘寂之美

踏寻一屋一瓦，面朝茶田，背倚竹海。在这纷扰尘世，择一城终老，享一世自由。就像南怀瑾先生说的："三千年读史，不外功名利禄，九万里悟道，终归诗酒田园。"

送走了一季北方的凛冽冬日，我们一路嗅着江南初春的香甜味来到距离杭州萧山机场约 1.5 小时车程的德清县莫干山。

人文风情

一座莫干山，在 100 多年的时光变迁中接受着人们赋予它的各个时代的文化表征。而今，上海、杭州乃至外籍人士纷至沓来，承租下农民的老房子，用别具匠心的建筑设计和富有小资情调的营造方式，创造出了莫干山特有的“洋家乐”业态。回顾这两年，中国的精品民宿已经遍地开花，它们依托于历史和艺术之上，最大程度地保留乡村文化的原真，浓缩一块土地的传统价值。

而我，也在游走体验的过程中，从“结庐在人境，而无车马喧”的恬适安闲里，寻回了遗落到田野间的梦。

慢调简居 聆听大自然的呢喃低语

都说“世间好语书说尽，天下名山僧占多”，山是天然的屏障，隔断了纸醉金迷的诱惑，想要得道或者避世的人，都不约而同地进了山。而我想在一杯清茶中品尝时间的流浪，顺心而为。

原舍·望山就隐匿在莫干山的山腰处，山路弯弯，伴随着断断续续的虫鸣和潺潺的溪流，在竹声四起的春风里，几栋灰色的房舍映入眼帘。入口小径，两只汪星人“小白”和“徐小熊”愉快地摇着尾巴。踏进民宿，顿时有种“蝉噪林愈静，鸟鸣山更幽”的感觉。

建筑设计

我住在雅号为“石峤”的客房，正对面是遍布翠竹的山林，背面是一大片茶园梯田。房间里的装饰简单质朴，水泥灰的墙面毫不刺眼，单纯而柔和。开放式的盥洗室、用老木料铺的地板、一张素色沙发、手工木质的方桌茶几、几盏竹编的灯、阳台里的舒适藤椅……这种素面朝天、洗尽铅华之后的平凡之美，让我感受到安静的味道，仿佛凝固着怀旧时光的记忆。

山色空蒙，溪水从山涧流下，青山竹林满满的绿意沁入宽广的阳台，让眼睛贪婪地享受这奢侈的绿，也让这座山抚平了戾气与浮躁。面朝青山，背靠茶园，房前屋后都是理想的山乡生活。倘若没有这青山竹林的环绕，这一切可能也只是徒然的虚设和摆设。生活本该质朴至此，又何须多余的缀饰！

想起日本建筑大师隈研吾所说的："当某个事物与它所存在的场所产生幸福的联系时，我们就会觉得它是自然的。自然是某种关联性。自然的建筑，就是与场所建立了幸福联系的建筑。场所与建筑幸福的联姻，产生了自然的建筑。"一间好的民宿，不仅在于建筑的这个载体，更重要的是民宿主人将自己对生活的态度带给旅人们。

民宿主人朱胜萱说："我本来就是山里的孩子，在大山中长大，小时候就喜欢观察大自然中的一切美好。大树、鲜花、溪流、虫鸣、鸟叫，是我记忆里最快乐的一部分。"

在这青山、茶田、竹林面前，内部所有的装饰都是多余的，民宿主人最切身的乡村生活记忆，以最纯粹的姿态向世人展示一种回归淳朴的生活方式，让旅人在原舍，置身于景、置身于情，简单而美好。

精致工艺

裸露的混凝土就是最好的装饰

以精简的家具塑造质感空间。房间不是光大白、纸筋灰复原的墙面，经过改良，不会脱色和掉白，也没有任何化学成分。混凝土材质的特殊纹理和质感，保留着原始的本真味道，温暖而素雅。房间里墙体采用双层隔热材料，力求把能耗降低到最低标准。看似没有装饰的状态，付出的成本和心思超过直接装饰，每一处都经过细心的排布。

青砖砌墙的民宿，用的是当地的砖，瓦则来自邻近的嘉兴，因为莫干山所在的山区土质多砂石颗粒，烧出来的瓦不耐用；而嘉兴地区为冲积平原，土质细腻，而且因为靠近沿海，为应对时常出现的大风天气，瓦片的尺寸和厚度都更大。

生活越素简，内心越绚烂

晨雾氤氲，伴着淅沥的雨丝，推开在乡间就地取材而成的竹篱笆墙，爬上了房舍后面的茶山，空气中带着青涩的泥土味，一垄垄的茶树伸展在山体上，田畴被雾气所浸，浓淡之间渐渐有了一片村庄和屋宇的轮廓，山谷、茶田和竹海，随意春芳歇，空山新雨后的一场绝美，远离了喧嚣浮躁与尘世俗务，一份安静的存在让我完整体验了属于原舍・望山的生活方式。

竹海古道，匠心匠人。隐匿在乡野山间的故事，只有自己走过，才能领略其中的风景。

周边趣玩

庾村 1932 文创园

民宿信息

原舍・望山

坐标｜ 浙江・湖州

地址｜ 浙江省湖州市德清县莫干山镇南路村

电话｜ 0572-8036111

微信｜ yuanshedf001

原舍·平湖：

森之湖畔，白鹭跳了一曲春天的芭蕾

几年前，我在法国作家蒙田的一篇散文《要生活得写意》中读过一段关于他对生活的有趣描述：跳舞的时候我便跳舞，睡觉的时候我就睡觉。即便我一个人在幽美的花园里散步，倘若我的思绪一时转到与散步无关的事情上去，我也会很快将思绪收回，令其想想花园，寻味独处的愉悦，思量一下我自己。

我想，适时地在慢步调的恬然风景中邂逅一份写意的生活，定会是一件令人雀跃的正经事。

丨人文风情

当冬雪被阳光融化的时候，我来到隐匿在六朝古都南京的一片山林原野——江宁区苏家村。从村口沿路前行，满目皆是连绵的青山和泛着层层涟漪、澄澈的白鹭湖。在这令人心旷神怡的湖光山色中，一面古朴的红砖墙和用石块堆砌围合的墙院映入眼帘，前方水泥灰墙上低调地印刻着“原舍·平湖”，蓦然间充满诗意的恬然与宁静从面前轻掩的小木门里漫溢出来。

建筑设计

循着片石墁地的小路徐行，一侧用小木桩堆叠的铁艺围栏上展示着民宿所倡导的理念——原色乡土、原本生活。以最纯粹的姿态呈现一种淳朴简约的生活方式，宛如回到生活最初的模样。

民宿邀请了南京大学建筑学院周凌教授设计改造，借鉴了江南古老庭院的造园格局，使院落空间最大化。

在纯净的白墙灰瓦外，设计师最大程度地保留了院子原始的红砖元素，因为那是属于老房子的记忆。6 栋高低错落的房舍，与山水自然无缝隙地融合在一起，两棵苍劲的柏树在庭院中心的跌水景观上展露出几分柔美，池水中星星落落地散布着光滑的鹅卵石。

这一方深邃的镜面水池和下面清澈透蓝的无边泳池，以及不远处的白鹭湖形成巧妙的呼应，模糊了边界，好像融成一幅浓淡相宜的水墨画，丰富了视觉层次，也营造出无限的延伸感。每一个线条都勾勒出动人心魄的沉静与温柔，使我置身在一个灵动的美学空间。

原舍·平湖共有20间客房，散落在6栋以飞鸟命名的房舍里，“鸣幽”“衔月”“独闲”“闻啼”……不仅拥有诗情画意的雅号，还在外墙面上细刻着相对应的古诗词，传递出深远的意境。其间还点缀着一两句打动人心的话语，如“在这里，眺望远方，便是最大的安逸”。民宿的每一个房间都能望见湖水和远山，拥有开放的视野景观。而我心中最理想的建筑，便是拥有“看得见风景的房间”和“看不见的建筑”。

精致工艺

素与简的原乡风格还嫁接着怀旧气息，在民宿空间中，随处可见有设计感的老家具，这些旧物代替时光向不期而遇的旅人诉说着一段段尘封往事。

在古色古香的钥匙手牌上刻画着写意的白鹭图案，我住的房间名为“扶摇”，轻推开房门，拾级而下，是有肌理感的白色墙壁和温润的水磨石地面营造的素美空间，淡雅清浅的蓝白色调是客房的主旋律，内饰以手作原木家具搭配小件工致的蓝染工艺品，静谧的插花和幽然的绿植点缀其间，线条轻盈的吊灯倾洒下柔和的暖光。室内陈设保留了恰当的留白，均衡了空间的美感，也烘托出像家一样温暖的舒适感。洁净的浴缸轻倚着偌大的落地玻璃，房间自然地收藏了四季不染风尘的湖光山色。

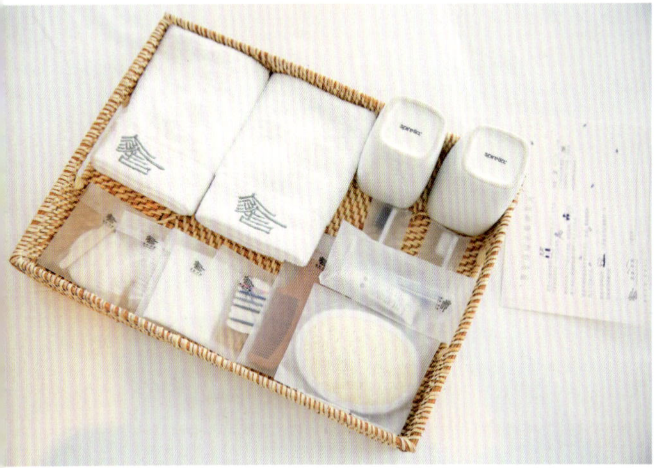

| 服务细节

一封欢迎信、一份丰富的茶点，每一个细微之处都体现着民宿的用心。

房间内的洗漱用品都是民宿的自主品牌，安心源于细节，不同于一般酒店的香皂，民宿选用的是纯天然植物油制成的手工冷皂，温和无刺激，还有参照人体工程学设计的 30 厘米厚床垫、加服帖针织软垫等，一直以来民宿都在孜孜以求居住体验的细节，为旅人提供更高品质的服务。

春风沉醉的夜晚，静美如斯。月光把恋念，洒满了整个湖面。我囿于星辰，做了一个蓝色的梦。

周边趣玩

银杏湖乐园

观音殿

金陵茶村——黄龙岘

石塘竹海

乡伴苏家文创小镇

南京绿乐园

民宿信息

原舍·平湖

坐标｜ 江苏·南京

地址｜ 江苏省南京市江宁区秣陵街道陶吴镇西毗苏村

电话｜ 025-86130300

微信｜ Kangling 1537

花岗渔村 · Mr Yao's house:

在小渔岛上吟一首风物诗

“没有谁是一座孤岛，每本书都是一个世界。”

——加布瑞埃拉 · 泽文《岛上书店》

缱绻着一段我偏爱的韶光，车子一路从温州市区开往洞头，日暮时分，我们经过侧畔一片平整洁净的浅海滩涂，上面层层叠叠地插着挂晒海藻的细竹竿，线条有序的它们让裸露的潮间带看起来如此静谧平和，空气中沁透着海水淡淡的咸味。夹卷着一路的清新温润，华灯初上，正在开车的姚量指着不远处的一座彩虹桥说：“喏，前面发光的那个就是花岗大桥，过了桥就到我们花岗村了。”

人文风情

小巧玲珑的花岗村，陆域面积只有 0.74 平方千米，连接着彩虹桥和洞头大桥，以岛命名，在这里，一座岛就是一个村。

洞头地处浙南沿海、瓯江口外，是浙江省唯一的海上县市，被喻为东海明珠。群山环抱的洞头列岛有百余座岛屿，宛若闪耀的珍珠般散落在浩浩荡荡的万顷碧波之上。

洞头有着源远流长的历史，据九亩丘出土文物考证，早在 3000 多年前这里就有人类活动，岛上居民的先祖大多数来自福建，因而这里保存了较完整的闽南民俗文化，如敬妈祖和拜七星娘娘的习俗被延续至今。

车子沿着绚丽的弧线驶过，眼前是豁然开朗的花岗渔村，浓郁的海岛风情扑面而来。已有 150 年历史的花岗村，是洞头地区保存最完整的原生态古村，110 多栋极具当地特色的石头瓦房，错落有致地依山而建，不论是 20 世纪五六十年代修建的老屋，还是传统浓厚的渔家文化和古朴原真的自然生态，无一不是海岛历史文明的延续。2003 年这里被当地政府定为“渔家古村落”予以保护。

建筑设计

夜阑人静，这里是我记忆里美好的画面，就像一首北岛的小诗：“玻璃晴朗，橘子辉煌。一颗星星刹住车，照亮了我们，也放大了夜的尺寸。”

渔村依岛而建，房屋依山而筑，人依屋而居。亚热带海洋性季风气候使这里温和湿润，伴着绵绵细雨和海风的轻拂，循着蜿蜒的巷陌拾级而上，苔痕上阶绿，我咀嚼着小岛上的芬芳，来到了民宿。民宿的外墙用一块块独特的米黄色和橙黄色交织的石块拼砌而成，远看犹如老虎的斑纹，所以当地人称之为“虎皮房”。岛民们为了抵御台风，还在屋顶的瓦片上铺了许多棱角分明的大石块。

轻推开一扇小木门，步入 30 号楼的一幢复式别墅，民宿里没有过多刻意的设计，随处可见自然的元素，沿用了花岗岛的石头建筑肌理，屋内 1/3 的家具是用当地材料制成的。

一层的客厅空间里粗犷原始的石头墙壁和温暖朴实的木质屋顶相得益彰，还原了斑驳的历史痕迹，也保留了材质本身的色彩。设备齐全的独立家庭厨房，充满了温馨的氛围。木质桌台上整齐地摆放着手冲咖啡壶、哥伦比亚精品咖啡豆以及一大盘丰盛的水果。在安静一隅，台灯下洒落的光影正映照着角落里的装饰画。

我自在地在房间里踱步，感觉好像回到家一样，分外轻松愉悦。顺着楼梯走到二层，宽敞通透的客房依旧是天然简约的格调，一侧原木的搁板置物架上，为旅人提供了玻璃瓶装的依云矿泉水、各式进口茶包、精致茶具、胶囊咖啡机以及文学类书籍。这些放松好物，都是为了让我们把时间更多地留给自己。从室内设计、家具定制、水泥用料到布草床品，甚至每一件生活用具、装饰物的挑选，看似随意，却饱含了民宿主人细腻用心的巧思。

客房分成室内外两个区域，大片的落地玻璃增加了空间的延伸感，让人、房屋与小岛融为一体，同时也引入了更多的自然光线，使室内的灰白色调愈显明亮柔和。

被触感柔软的织物包裹着入眠，月落星沉，迷迷糊糊听见窗外海浪此起彼伏拍打岸礁的声音，本想着清晨在惬意的小露台迎接朝旭，却一觉睡到了日上三竿，完全沉浸在海边渔村安静纯粹的生活节奏中，把时间遗忘了。

设计师物语

姚量是花岗渔村度假体验文创项目的发起人兼设计师，同时也是这所民宿的主人。他说：“我一直在寻找一个可以停下来的地方，那里有山、有海、有依村而建的房屋，也有朴质的渔民。”姚量的心中藏着一个完美小岛——意大利那不勒斯湾的普罗西达，那里是一部老电影《邮差》的拍摄地，比时光更超然的，是如渔网编织起来的海岛生活。

精致工艺

花岗渔村的一日温柔

房间里满溢着咖啡的浓香，浅尝轻啜之后我走到露台，海洋的味道钻进鼻尖，站在这里俯瞰整片渔村风光，每户人家的屋外都晾晒着鱼干、虾干，街坊乡里从巷口聊到巷尾间的互动，微熹下摇曳的渔船，古老的海上蚵田，被海浪簇拥、泛着泡沫的岩石岸边，勤劳淳朴的村民把岛上缓慢悠闲的日子过得井井有条，我感觉自己仿佛来到了小飞侠彼得·潘的无忧岛，万般思绪化作一个个小仙子陶醉在梦幻之乡的温柔里。

有花草、暖阳和静谧的时光，与四季共处。我漫步到花岗渔村的"止作工作室"，这里是一个种满亚热带植物的花房，满眼绿意的仙人掌和琳琅满目的多肉植物在姚量和管家的精心照顾下焕发出盎然生机。坐在一方庭院，感受自然的生命力，独享难得的宁静悠然。闲庭信步到岩炎淘生活馆，体验陶艺泥在手中逐渐变成一件工艺品的惊喜感，通过陶艺介质，将本真的美好传播出去，体悟陶艺包容与纯粹的精神，收获一份对生活的感悟。想着跟陶艺老师亲手学做一个有温度感的陶器吧，这会是送给自己最特别的礼物。

在这里，离大海更近，离生活更近，暖暖的阳光微妙地变化着角度，映射在一栋栋虎皮房上，流溢出金色的光芒。渔民们回到港口，整理着捕捞上来的渔获，摊晾在一边的渔网杂着些许水草、螺丝，我经过时忍不住想，它们收起来时会不会有夕阳的味道?

陌上花开，可缓缓归矣。

周边趣玩

望海楼

仙叠岩

半屏山

寻味好食

这里远离尘嚣，又充满人间烟火。坐在花岗渔村的“石堂”，吃一顿村子里的老阿妈用古法烹制的原汁原味的海鲜，口感丰富的杂鱼干、地道美味的姜丝鸡、营养特色的羊栖菜……每一道都是暖心好食。

民宿信息

花岗渔村 · Mr Yao's house

坐标｜ 浙江 · 温州

地址｜ 浙江省温州市洞头区元觉街道花岗村 18 弄 7 号

电话｜ 15005871616

微信｜ Ariel-xiatong

爱丽诗 Villa Iris：

在太阳转身的方向，
邂逅蓝色大海的传说

晚风轻拂澎湖湾
白浪逐沙滩
没有椰林缀斜阳
只是一片海蓝蓝
……

从台北搭乘岛内立荣航空的飞机前往一直心心念念的澎湖，一曲轻快悠扬的《外婆的澎湖湾》在我的耳边徘徊着，我憧憬着歌词里唱的“阳光、沙滩、海浪、仙人掌，还有一位老船长”，期待走近这座存放着许多温暖往事的离岛。

人文风情

海洋总是有一种令人着迷的美，我对大海好像从来不会厌倦。澎湖有蓝得发光的清澈海水和令人不舍的金色海滩，由火山喷出的熔岩台地，散落在北回归线上的珊瑚礁海域，形成了澎湖本岛、西屿岛和白沙岛等 90 多座大大小小的岛屿。澎湖群岛中除了最古老的岛屿——花屿的地质属于安山岩外，其余各岛则是由 1700 多万年前溢流出的玄武岩岩浆凝聚而成，因此这里也是“玄武岩的故乡”。气势磅礴的柱状玄武岩鳞次栉比地延绵于陡峭的海崖，形成丰富绚丽的地质奇观，而多孔质的玄武岩裂隙中所含的稀有珍贵的天然矿物——文石，更是使澎湖群岛和意大利的西西里岛并列为世界两大文石产区。斗转星移，目观大地孕育生命的印记，由衷地感叹大自然的鬼斧神工。

在这座不被打扰的离岛上，多了一份难得的惬意和清静，以海为生的渔民，延续着历时千年供奉祭拜妈祖的信仰和习俗。漫步在古朴的马公中央老街上，便可目睹气势恢宏的天后宫，这是全台湾最古老的妈祖庙，岛上的子民们在香火缭绕中祈求神祇的庇佑。历史的风尘洒落在斑驳的庙宇古迹上，飞扬俊逸的燕尾脊，精工细刻的柱础、梁柱、窗棂，雕梁画栋，剪出了动人的岁月流光。

寻一处喜欢的地方，且听风吟

这里淳厚的风土人情和迷人的海岛风光，承载着一代又一代人的眷恋之情。作为土生土长的澎湖人，民宿主人黄秀慧说她深爱着自己的故乡，想要把对民宿的爱在家乡的土地上传承下去。话语间我觉得她简直是一个传奇女子，海岛子民的热情淳朴和喜欢挑战的个性，使她的人生丰富得让人目不暇接。爱丽诗会馆，是秀慧姐在澎湖经营的第二家民宿，这幢靠在海边的别墅是她的梦想家园。

建筑设计

“爱丽诗”取自秀慧姐的英文名 Iris，Iris 是希腊神话中的彩虹女神，恰好也是她非常喜欢的鸢尾花的拉丁学名，鸢尾花在《圣经》中代表着光明之花。这里就是旅人心中圣洁的伊甸园，遥看民宿的建筑外观，纯白的墙体和简洁的线条把大面的落地玻璃巧妙地勾勒出猫头鹰的意象造型，灵动而别致。

活在这珍贵的人间，太阳强烈，水波温柔

绵延的海岸线，燕鸥不时轻吻着开阔平静的海面，阳光抛洒在海上，把海水照耀得像一颗璀璨的蓝色水晶，海天一色的美景尽收眼底。我踩着民宿前绿茵茵的宽阔草坪，望着伸手可及的大海，归于片刻的恬静，多想和你一同分享这个宁静瞬间，我们看着大海不说话，就十分美好。

沿着绿地小径走近民宿，造型独特的大门手把用金属镂空雕刻着两只猫头鹰和民宿的 logo。猫头鹰是古希腊神话中智慧女神雅典娜身旁的守护鸟，因此古希腊人对猫头鹰十分崇拜，认为它是智慧的象征；在日语里猫头鹰的发音“Hukurou”音译成“不苦劳”，代表了福气；在台湾的邵族，把猫头鹰视为灵鸟，象征了吉祥。因为这些神奇美好的寓意，民宿主人也把猫头鹰当作自己民宿的图腾，作为这里的守护神。轻推开民宿大门，绿植围绕在两侧，给人舒适安静的感觉，一方下沉式的池塘水景，生气勃勃的鱼儿们幸福地游弋其中，明朗的阳光透过屋顶的玻璃肆意地洒落在地面上、水波里，流动的天光云影让我有种莫名的放松感。

步入大厅，民宿的整体设计是灰白色系的现代简约风格，木质长桌和色彩明亮的沙发椅相得益彰，更显空间的清新和通透，温润的木头元素和手感物件满溢着温暖气息，一捧粉紫色的满天星增加了室内的丰富感。

整栋民宿共有三层，一楼以公共空间为主，还有一间名为“幸福”的四人房，房间内带有一个独立私密的小庭院，二楼和三楼分布着“日出”“听海”“月光”和可以观星的阁楼“星空”，五个诗情画意的房间从家具、布草到装饰摆件都不尽相同，但每一间都是秀慧姐用喜欢的元素精心布置的。

精致工艺

这栋小而精的民宿里摆放了很多独特的艺术品，几乎每个角落都洋溢着艺术气息。庭院内的石雕猫头鹰、转角处的创意木雕、铁艺置物架上的各式陶器、木刻的猫头鹰钥匙牌、楼梯间精巧的彩绘石头、客房内趣味十足的木头夜灯和精美花器……都是男主人用澎湖当地的文石、玄武岩、漂流木、浮球等素材手工创作的，用来装点民宿空间。在雕刻艺术领域耕耘了十几年的他，是澎湖当地知名的艺术家，在马公中央老街上还开设有一间澎湖陶兵艺文馆。

对于大多数人来说，他们认定自己有多幸福，就有多幸福。

——亚伯拉罕·林肯

循着旋转楼梯拾级而上，我住在二楼“日出”的房间，一进客房，大面积的落地窗模糊了室内外的界限，营造出视觉的开阔感，窗外的每一寸碧海蓝天都被纳入房间内，使人感到一种纯粹的美，原来大自然就是最好的设计师。在落地窗外面的观景露台，可以观云海，看日出与月升，欣赏生趣盎然的潮间带。房内精致考究的细节也带给我不少惊喜，青花瓷图案的德国浴缸上施华洛世奇的冷热水调节开关、浪漫舒适的蕾丝床品、顶级配置的音响、意大利进口的洗护用品，以及用洗漱品的盒子拼出来的“爱丽诗”标识。民宿主人用她的生活方式给旅人创造了一个温馨的归宿。

路过一枚海上落日，画下了今天的句点。

清晨，拉开窗帘，一抹澎湖湾上晶莹剔透的蓝在我眼前晕染开来，依旧是宁静的海面，这一刻我觉得自己就是天使的宠儿！

服务细节

在来民宿前的几天，秀慧姐便悉心询问着我喜欢的菜品口味和飞机的抵达时间，以便安排好一切。一出机场到达厅，就看到她已经在外等候了，对我粲然一笑后，她贴心地问候我这趟旅程的情况，随后便开车带我到了一家很地道的海味餐厅，和她的家人、好友一起用餐，闲谈话语间如同相交已久的老朋友，宾至如归的感觉让远道而来的我顿觉安心自在。

因为澎湖的淡旺季很明显，在民宿生意最好的夏天，秀慧姐会身兼管家、厨师、司机和导游等数职，温情满满地关怀、服务着每一组客人。在这里，殷切热诚的主人永远都是民宿最宝贵的财富和让旅人最难以忘怀的感动。

寻味好食

得益于纯澈无污染的海域，澎湖最为人称道的还有这里无比新鲜的海味，店家在渔港挑选当日最新鲜的鱼获，烹调出种类丰富的海鲜料理，饕餮盛宴可以让人吃到昏天黑地，无论是海胆炒蛋、清蒸牡蛎、爽嫩花章鱼还是外酥内脆的花枝排、鲜脆的海香菇，吃得就是一个“鲜”。面线是澎湖的特产之一，在民宿可以吃到民宿主人秀慧姐亲手做的口感劲弹、鲜甜的小管面线，汤鲜味美，再佐以管家手工自制的干贝酱和小鱼干，绝对是珍馐美馔，胃和心灵都能得到极大满足。

民宿信息

爱丽诗会馆 Villa Iris

坐标｜ 台湾·澎湖

地址｜ 台湾省澎湖县白沙乡港子村 20-5 号

电话｜ +886-69933168

周边趣玩

赤崁沙滩

吉贝沙尾

奎壁山

七美岛

二崁古厝

元尘：

少女的情愫，恋上阳光雨露盖的房子

晴秋之日
与元尘相逢
它像南瓜色的月光石
栖遁在抚仙湖的臂弯

抚仙湖的风
是一颗清凉的薄荷糖
推开元尘的窗就能尝得到

人文风情

多数人对于云南的印象始于大理和丽江，相比于洱海和玉龙雪山的声名在外，位于滇中玉溪市澄江、江川与华宁三县间的抚仙湖更显得与世无争、恬淡寡欲。

古人称它“琉璃万顷”，早在明代，旅行家徐霞客就写下“惟抚仙湖最清”的字句，而这一池令人悸动的碧水还是仅次于长白山天池的中国第二深水湖泊。它玄妙的名字相传来源于两位流连这片湖光山色而忘返天廷的仙人遗迹，除了神话故事，那沉睡几千年的“水下古城”之谜和神秘大鱼的传说都让这处灵气仙风的度假天堂丝丝入心。

从北京飞往昆明，再自昆明一路自驾南下，2600千米外的蜜恋就像流金的太阳一样光耀灿烂。

天空时而明媚晴朗，倏忽间又雨露滴答，措手不及的天气，也让我们钻进澄江抚仙湖别样的风景里。剔透清莹是它，烟波浩渺也是它，不时有飞鸟掠过波光粼粼的湖面，鱼儿纵身一跃像是坠落银河的仙女星。

建筑设计

枕着抚仙湖北岸无边无际的温柔，这间名为“元尘”的民宿就落脚于此。一个闲云野鹤般的假日，在从昆明市区开车到这里的1小时后便轻松拥有。

由一幢普通民房改建的民宿建筑，入口处的两侧被凤尾竹和格桑花簇拥着，低调的标识之上是枝节交错的藤蔓，绿意肆意地伸展，厚实的原木大门被蔷薇萦绕着。蛰伏于乡野村户间，融入当地的自然之景，若不是细细留意，真是很容易就错过。

民宿主人王元尘，是资深的商业空间设计师，为了跳脱世俗纷扰，2015 年他举家搬到抚仙湖畔，经过对当地建筑材料的探究，精工雕琢之下创办了元尘，还以此荣获了国家住建部田园建筑奖。

我沿着一面天然石头墙走入民宿，仿佛走进了一首田园诗。放眼所及一片缤纷盎然，碧绿的植栽用花朵点缀其间，布满各个角落。绽放的百合花飘来缕缕芬芳，在一张拼接的美式乡村风实木长桌上，明快典雅的洋桔梗花束被安放在各式精美的花器里，漫步在这个精致花园，处处感受得到民宿主人对鲜花的喜爱与用心。一方用水草造景的清浅池塘也被精心规划在庭院一隅，溢动着野趣。

精致工艺

绕过怀旧的古罗马柱，轻推开玻璃窗格木门，温暖柔美的色调让我一踏进来就感到悠闲烂漫的甜蜜感。奶油色粉饰的墙面与空间内线条清爽的木构框架相互衬托，乡村复古风格的铁艺吊灯、异国风情的六角花砖和石块垒砌的壁炉很是浪漫。素色的布艺沙发以小碎花抱枕调和色彩，温润的木架上安静地摆放着欧式雕塑和洋溢海洋气息的鱼造型摆设小物，它们与墙上的木雕大雁隔相呼应，营造了让人身心放松的温馨自在氛围。

民宿主人将抚仙湖的沙石和老木料重新设计组合，以古老优雅的方式呈现在院落、门厅以及房间各处。

元尘共有 10 个房间，顶层的海景房带有一个独立观景露台和戏水池，留给旅人无拘束的度假空间。顺着唯美的阶梯拾级向上，阳光从明亮的天井洒落一地的光影，使我每走一步都好像自带旋律，墙壁上富有艺术感的装饰油画如同一曲迷人的乐章。

客房的布置质朴温情，又带着元气少女的情怀。用心挑选的寝具和卫浴都是低调的精品，随处可见心仪的花朵盆栽和干花摆饰。简约的沙发榻倚着一整面视野开阔的玻璃窗，躺靠在上面就可以奢侈地眺览纯净耀目的水天一色，而在宽阔的露台上更能将玉镜般的抚仙湖一览无遗，清风拂过，似在邀人尽情享受这份慵懒的美妙时光。

服务细节

在元尘，衣着讲究的管家不仅文质彬彬，也悉心为房客提供主人般的关怀，从贴心的泊车服务到提醒用餐，若是看见房客在公共区域阅读发呆，还会随时递上一杯浓情的英式红茶。夜晚，若想与友人小酌谈天，可以让管家推荐一款美酒送至客房享用。

周边趣玩

帽天山国家地质公园

抚仙湖禄充风景区

抚仙湖时光栈道

民宿信息

坐标｜ 云南・玉溪

地址｜ 云南省玉溪市澄江县万海社区许家村 20 号

电话｜ 0877-6688708

微信｜ 13888437758

亚曼达 AMANDA:

在垦丁遇见摩洛哥，
续写一千零一夜的故事

流动的草莓色云朵飘散开来
一抹耀眼的金黄轻吻了海面
夕阳的余晖也一同坠入太平洋
在日月星辰掉落进我的手心之前
于某个黄昏给大海写一封情书
以为早已逾期的深情却被发酵的时光兑现
我在垦丁，天气晴

从高雄小港机场到垦丁恒春镇的巴士上，一路上身心放松，暂时放下悬浮在心中的错综思绪，一切归零的感觉真好。被明亮的日光包裹着，眷恋靠在车窗上贪睡的午后时光，时间的脚步也在恬静悠然中慢了下来。

三年中这已经是我第六次来垦丁了，热是熟悉的，还有粘腻的风、湛蓝的海、纯澈的浪花、炽烈的阳光，这些在我看来无比美好的事物正幸福地交织在一起。

| 人文风情

你失去的，仿佛都可以从这里找回来

在悠闲的垦丁快线上我看了一部台湾 2008 年上映的电影《海角七号》，影片的拍摄地就在温柔浪漫的垦丁。“阿嘉的家”“恒春老街”“恒春邮局”……这些电影中出现过的场景至今仍是文艺青年们热衷打卡拍照的地点，这里也成为很多人心中的爱情圣地，就像歌词里唱的那样：“我把对你的思念写在海角上，寄给那年七号的雨季。”

垦丁地处台湾最南端的恒春半岛，这里四季如春，即使秋冬两季，也还是花木扶疏、绿意盎然，珊瑚礁的踪迹随处可寻。圣托里尼式的诗意梦幻唾手可得，蓝色绸缎般的大海、飞来此地迁徙落脚的候鸟、绚烂旖旎的热带滨海风光，造物主与人们共同谱写着美景，时刻上演着惊叹号。

垦丁的阳光热情得毫无保留，还有洁白的沙滩、好客的民风和“关山日落”，都让来到这里的人印象深刻。

你还记得2012年李安导演的《少年派的奇幻漂流》中主角“Pi”经过7个月的海上历险，最终登陆的那片墨西哥海滩吗？其实真实的取景地是在这里。沿着猫鼻头一路到白沙湾，浏览的路线在心中酝酿已久，将脸贴在这沙粒均匀、晶莹剔透、由海洋生物壳体组成的贝壳沙滩上，听着海浪有节奏的拍打声，追寻着少年“Pi” 的目光。

仔细看这里的海，你会发现千变万化的颜色，湛蓝、瓦蓝、蔚蓝、青蓝、海蓝、碧蓝，有时甚至透着黑，如黑曜石般，或许年纪不同、心境不同，海的意义也就不同吧。徜徉在海之涯、山之巅，自在、舒服、喜悦，我俯下身捡拾了一瓶细小灿烂的星星沙，兴奋不已，人们总是以为幸福遥不可及，谁知一些微小的瞬间就能让人感到快乐。想起某个波兰诗人的一首小诗——《礼物》，当中写道：“如此幸福的一天。直起腰来，我望见蓝色的大海和帆影。”我独自坐在这片迷人的海滩上给大海写了封情书，纸短情长，我想我失去的都可以从这里找回来。

暮色下我在垦丁遇见了复刻的“摩洛哥红城”——亚曼达AMANDA。这幢毗邻街道的民宿静谧地矗立在挺拔的狐尾椰、灿艳的九重葛和休闲的中东椰枣树当中，椰影婆娑，被包裹着，然后绽放出来。“Amanda”源自拉丁语“值得爱”，民宿的主人林荣钦先生花费5年的时间，从八个国家搜集采买建筑装饰材料，又请来摩洛哥的设计师，为心爱的妻子筑起一座气势恢宏、满溢甜蜜的宫殿，漫步在民宿里方可感知这份执着的浪漫。

建筑设计

在最富热带气息的垦丁南湾，砖红色砂岩外墙呈现了马拉喀什赭红色建筑之意，展现了北非的迷情和古城的恬静，外观洋溢着低调奢华并带有神秘色彩的摩洛哥风情。

款步向前，伴随着玫瑰木嵌金铜感应门的打开，扑鼻而来的是香甜的芬芳，温暖的玫瑰金色调的宫廷式大厅入口处有一个八芒星造型的喷泉池，这个常出现在阿拉伯国度的装饰纹样，象征着太阳，代表着强大的力量、无限的自由和无尽的喜悦。

头顶上方是华丽的阿拉伯式镂空铜花吊灯，目之所及的是阿拉伯风情的雕花拱门，贯穿所有廊道，真是应接不暇的美丽惊艳。身穿异国风情服饰的礼宾小姐前来热情地接待，并为旅人奉上一杯用精致杯盏盛放的迎宾茶。

摩洛哥国王哈桑二世曾这样形容说："摩洛哥就像一棵大树，根部深植非洲土壤，枝叶却呼吸着欧洲吹来的微风。"

亚曼达 AMANDA 全馆不同风格的房型好似一个个天方夜谭的美妙幻境，例如法式风情的翡翠古城、神秘紫色的罂粟花城、静逸珊瑚灰的珍珠海域、孔雀蓝晕染的费斯皇城、浪漫传奇的玫瑰花城、薰衣草梦幻紫的沐月星城、有专属露天游池和花园的独立皇家别墅——拉巴特，而我选了一间海市蜃楼般的"金色撒哈拉"。

| 精致工艺

摩洛哥的文化就像一块五彩斑斓的马赛克

客房的门牌是镂空雕的汉白玉石，房间内用细腻的橙红色熏染整个空间，仿古艺术的彩色地砖极富异域风情，搭配着黄铜雕花的玫瑰木雕刻家具。床头摩洛哥风格的造型壁龛内嵌着层次丰富的马赛克瓷砖，两侧是复古精美的镂空雕花铜灯，用手轻触旋转，炫目的灯花摇弋着，在柔和的灯光下享受着丝丝缱绻，仿佛置身在北非皇室的寝宫中，被浓郁的贵族气息包围着。

叩开图案精美、雕花繁复的镶板门，在宽敞的浴室中，木质的衣橱门把以穆罕默德之女法蒂玛的右手为造型，在摩洛哥当地有辟邪、吉祥的寓意。汉白玉手工雕刻的洗手台造型柔美典雅，在干湿分离的卫浴间，墙面上是工匠们一块块手工拼贴的暖橘色马赛克鱼鳞砖，延伸的小露台上水磨石的大浴缸增添了度假氛围，在流光溢彩的夜色中，似乎可以沐浴星辰。房间外的走廊上，一侧是一盏盏点亮的古铜雕花火把灯，映照在天花板上的光影璀璨而精致，而楼层里的宫廷油画展，每一幅画作都流露出浓浓的艺术气息，惹人遐思。精细手工打造的艺术家具遍布全馆，镶银嵌铜，展现了摩洛哥古老的工艺之美，徘徊在民宿中深刻感受到气定神闲的摩洛哥工匠和一群欧洲的艺术家们将精湛的手工艺发挥得如此淋漓尽致。

推开民宿一层侧旁“spa pool”的大门，气势磅礴的摩洛哥水疗池跃然眼前，清凉感十足的水池里铺叠着蓝色马赛克瓷砖，四周摆放着丰富的热带绿植，十分旖旎，让人完全沉浸在这片曼妙安宁的空间中。

服务细节

民宿贴心地设立了中东服饰租借室，来此的住客可以随意挑选各式异域风满满的靓丽服装和精美挂饰，身着一袭日常生活外的妖娆美艳驻足此地拍照留影，想必也是一次难忘的特别体验吧！

“仅仅活着是不够的，还应当穿越生活。”——让·波德里亚

踱步前行，来到民宿的索维拉餐厅。“索维拉”在阿拉伯语中意为“美如画”，它是摩洛哥西部滨临大西洋的一个极具魅力的海港城市，有着悠久的历史和众多古老的建筑。

全室优雅的法式风情混搭着摩洛哥皇室的奢华。室外空间是烧烤和异域风情演出的开阔区域，坐在低矮的沙发座椅上，感受着摩洛哥式的慵懒慢活，幸运的话还能够遇见马拉喀什乐团驻唱。

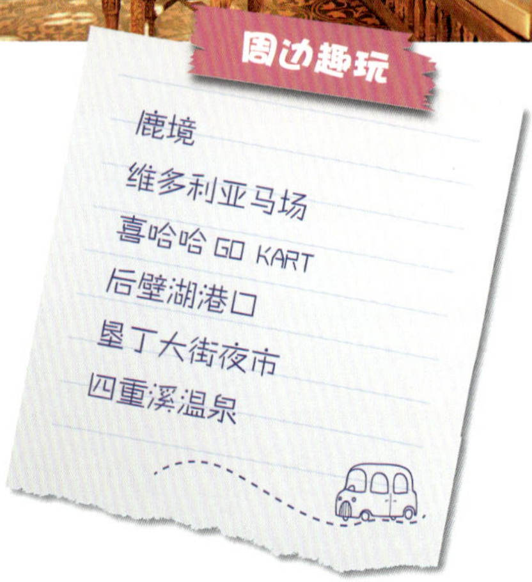

寻味好食

这里的每道餐点都有浓郁的异国风味，种类繁多的无国界创意料理荣获了当地 2018 年海洋美食节金奖，用料考究，每一盘都精致可口，牵动味蕾。

我最爱的就是源自北非摩洛哥的塔吉锅（TAJINE）料理，可爱的锥形帽造型的锅盖上，绘制了各式色彩斑斓的图案，在我看来锅盖本身就是工艺品了。高密度的陶土材质，通过水蒸气在锅中循环，用以保留食物的原汁原味，口袋饼将塔吉锅里的主食包覆，打开锅盖浓香馥郁。在浪漫的异域氛围中餐叙小酌，有美酒、有欢笑。

选对了想要的生活，自然就能从中汲取快乐。

民宿信息

亚曼达 AMANDA

坐标｜ 台湾・屏东

地址｜ 台湾省屏东县恒春镇南湾路 330 号

电话｜ +886 8-888-3399